本书得到了潍坊学院科研项目"近代日本经济系列研究"项目的资助,在此谨致以由衷的谢意!

中国的商业文化与日本的商业习惯

张云驹 ◎ 著

中国の商業文化と
日本の商業習慣

中国社会科学出版社

图书在版编目（CIP）数据

中国的商业文化与日本的商业习惯 / 张云驹著 . —北京：中国社会科学出版社，2019.9

ISBN 978-7-5203-5090-7

Ⅰ.①中… Ⅱ.①张… Ⅲ.①商业文化—研究—中国②商业史—研究—日本 Ⅳ.①F72②F733.139

中国版本图书馆 CIP 数据核字 (2019) 第 204018 号

出 版 人	赵剑英
责任编辑	张 林
特约编辑	刘大庆
责任校对	张 虎
责任印制	戴 宽

出　　版	中国社会科学出版社
社　　址	北京鼓楼西大街甲 158 号
邮　　编	100720
网　　址	http://www.csspw.cn
发 行 部	010-84083685
门 市 部	010-84029450
经　　销	新华书店及其他书店
印　　刷	北京明恒达印务有限公司
装　　订	廊坊市广阳区广增装订厂
版　　次	2019 年 9 月第 1 版
印　　次	2019 年 9 月第 1 次印刷
开　　本	710×1000　1/16
印　　张	12
插　　页	2
字　　数	190 千字
定　　价	66.00 元

凡购买中国社会科学出版社图书，如有质量问题请与本社营销中心联系调换
电话：010-84083683
版权所有　侵权必究

目　次

はじめに …………………………………………………………………… 1

第一章　政治の北京と実務の上海 …………………………………… 1
第一節　北京商人の政治観 ………………………………………… 1
第二節　実務的な上海商人 ………………………………………… 19

第二章　広東の金銭と天津の信用 …………………………………… 40
第一節　広東商人の金銭第一主義 ………………………………… 40
第二節　天津商人の信用重視 ……………………………………… 69

第三章　義理堅い東北商人 …………………………………………… 80

第四章　安徽商人の文化と山西商人の倹約 ………………………… 106
第一節　商業を文化的に行う徽商 ………………………………… 106
第二節　倹約をモットーに掲げる晋商 …………………………… 117

第五章　日本商業の変遷 ……………………………………………… 125
第一節　大阪商人の商慣習 ………………………………………… 128

第二節　伊勢商人と近江商人の商慣習 …………………………… 134
　　第三節　近代の日本商人 ………………………………………………… 138

第六章　日本の商社 ……………………………………………………… 142
　　第一節　江戸末期〜明治中期 …………………………………………… 142
　　第二節　明治後期〜大正中期 …………………………………………… 148
　　第三節　大正後期〜昭和初期 …………………………………………… 153
　　第四節　昭和中期〜昭和後期 …………………………………………… 159
　　第五節　平成〜現代へ …………………………………………………… 171

おわりに ………………………………………………………………………… 182

はじめに

　世界経済は多くの課題を抱えている。中国経済も同じ、チャンスと挑戦が同時に存在している。1979年より「改革・開放」政策が実施されて以来、中国経済が大きく変貌した。対外貿易すなわち輸出入を大きく依存する中国経済はいま歴史的な分岐点に立っていると言えなくはない。経済発展のモード・チェンジ、内需の拡大、対外貿易関連問題、GDPに占める不動産業の高割合など、これまでになかった難題が山積している。なかでも諸外国との貿易摩擦が頭痛の種である。中国を相手にしたダンピング調査の件数が急激に増えており、主要貿易相手国との経済関係の未来が懸念される。その裏には複雑な背景、原因或いは陰謀などもあろうが、相互理解ができていないことは一因であろう。摩擦を回避するため、中国は内需を拡大すべく、国内の市場開拓に力を入れているが、諸外国、地域との貿易もおろそかにできない。現在では。いわゆる低付加価値の加工貿易はダメージを被っているが、さらなるグレードアップ、飛躍を実現するには、みずからの長所を生かし、短所をカバーしていく必要があろう。そういう意味でも、「他山の石」として他国、他民族のよいものをじっくり検討、研究していくことも必要になろう。本書では、中国の北京、上海、広東、天津、東北、安徽、山西各地の商業文化を日本に紹介するだけでなく、日本の商慣習をも研究対象にし、日本商人の商道を分析していきたい。例えば、日本の三大商人である大阪・近江・伊勢商人はどんな人たちなのか、なぜ東京は武士の街、大阪は商人の街なのかなどを研究したい。

そもそも、商人とは、生産者と需要者の間に立って商品を売買し、利益を得ることを目的とする事業者を指す。具体的には卸売商・小売商のような商品売買業者を指すが、このほかに運送業・倉庫業・金融業・保険業・広告業などを含めて広く考える立場もある。

取引を専門に行う者が現れる以前は、交易は共同体の首長に属する者や共同体全体で行った。交易の専門家が現れると、共同体の外部と取引を行う者と、共同体の内部で取引を行う者は区別された。交易者の動機は、義務や公共への奉仕である身分動機と、利得のために行われる利潤動機に分かれていた。身分動機の交易者は特権や義務を有し、世襲やギルドによって生活を保証された。共同体全体で交易を継続して行う場合もあり、かつての海路や水路を用いたフェニキア人、ヴァイキング、プトゥン人、砂漠のベドウィン、トゥアレグ、ハウサ人、宗教を背景に持つユダヤ人、アルメニア人などが含まれる。

古代では、メソポタミアのシュメールやバビロニアには身分動機の交易者であるタムカルムがおり、王により設定された財を交易した。シュメール文字による商取引による記録（4350年前の粘土板）も残っており、この発明（文字と粘土板による記録）によって、取引や交換の管理が容易となった。古代ギリシアではポリス外で取引する者をエンポロス、ポリス内で取引をする者をカペーロスと呼び、利潤動機の交易者としてメトイコイと呼ばれる自由身分の外国人が存在し、メトイコイの多くはエンポロスとして働いた。対外交易が行われる場には両替商がいた。

八世紀から十一世紀までには、イスラーム帝国の拡大によってシャリーアのもとで商慣習が統一され、アッバース朝成立後の8世紀以降は地中海、内陸アジア、インド洋で商業が急激に発達した。地中海のユダヤ、エジプト、シリア商人と、シルクロードのソグド人を含む内陸の商人、ペルシア湾やインド洋の商人はイスラーム圏の影響の元で活動し、ムスリム商人は中国の唐でも取引を行った。商人たちが協働するための制度として、イタリアのコンメンダやソキエタス（ヴェネツィアのコレガンティア）、東ローマ帝国のクレオコイノーニャ、イスラーム世界のキラード、ムダーラバなどが整備され、

共同で事業経営をするシルカという制度も発達した。

　十一世紀頃の人物とされるディマシュキーは先駆的な商業書である『商業の美』において、商人をハッザーン、ラッカード、ムジャッヒズに分け、その役割と重要性について論じている。ハッザーンは倉庫業や卸売で、市場において高いときに売り、安いときには貯蔵する。時間的な差を利用して差額で儲ける。ラッカードは運送業や行商で、ものが高い場所で売り、安い場所で買う。空間的な差を利用して差額で儲ける。ムジャッヒズは貿易業者や大規模な問屋で、各地の代理店も使って貿易を行い、時間と空間の差を組み合わせて儲ける者である。

　タージルと呼ばれるイスラーム圏の大商人はワジールなどの政府要職に任命され、ワクフによって都市機能を維持して社会的地位を高めた。イタリアの商人は十字軍をきっかけに北ヨーロッパとの関係を強め、ジェノヴァ、ピサ、ヴェネツィアは十字軍を援助して戦利品や特権の獲得に加えて債権も得た。

　日本の文献で専門の商人が現れるのは8世紀以降である。平城京には都城の内部に官営の市が設けられ、市籍をもつ商人が売買を行った。平安京には東西の市が設けられ、市籍をもたぬ商人もふくめて売買がなされ、各地の特産物などが行商された。院政期や平氏政権の時期には京都をはじめとして常設店舗をもつ商人が現れ、彼らは寺社や権門勢家と結びついて自らの力を保持ないし拡大しようとした。貞観6年（864年）には、市籍人が貴族や皇族に仕えることを禁じた命令が出されている。

　十一世紀から十六世紀までには、商人は資金調達や財政管理の能力によって権力者への影響力を強めた。イタリア商人の北ヨーロッパに対する債権は商品の形をとり、シャンパーニュの大市などで取引をされた。イタリア商人は教皇庁の財政とも結びつき、教会の収入を送金する金融業を行うようになる。フィレンツェのバルディ家やペルッツィ家などの銀行家は王侯貴族に貸付をして、彼らの財政収入を担保とした。北ヨーロッパではハンザと呼ばれる遠隔地商人が都市の有力市民となり、都市間の商業同盟を結んでドイツを中心にハンザ同盟が成立した。

中国の元ではモンゴル人は交易に加わらず、ムスリム商人がオルトクという組織によって帝国内の財政や交易を担当した。メキシコ高地では特権商人のポチテカが遠隔地交易によってアステカの征服に貢献していた。日本では有力権門や寺社の雑色・神人・供御人が、その権威を背景に諸国と京都を往復して交易を行うようになる。権門や寺社を本所として仰ぎ、奉仕の義務と引き換えに諸国通行自由・関銭免除・治外法権などの特権を保障された集団「座」を組織した。金融は、神に捧げられた上分米や上分銭を資本として神人たちによって行われ、十三世紀以降は利銭も行われた。

第一章　政治の北京と実務の上海

第一節　北京商人の政治観

　ビジネスにおいて北京商人はとても実務的で、何をしても実務に励んでいる感じをする。取り引き合うとき、「友達をだますのは一度、自分を害するのは一生」という格言を謹んで守る。産品の販売を行うとき、「良い品は高い、安物に良い品はない」という考え方を持っている。仕入れ値段はいつも他人より高い。面子なんかものは北京の人を散々害したが、彼らと付き合うとき面子のことを重視しなければならない。人間が一緒に騒ぎ立てる傾向があることについて十分に分かっているため、できるだけそれを利用する。

一、政治的な雰囲気に慣れよう

　北京の人はまるでドイツ人が哲学に対してのように政治に夢中になる。だから、北京の人は純粋な「政治動物」であると言う人もいる。北京の人が政治に対しての情熱は職業別がない。ただ一人のタクシードライバーとしても、地方の人から見れば利益をちっとももたらしない政治パッションに陶酔しやすい。中国人の中、北京の人は政治にもっとも憧れる人群れであるかも知れない。南方の安徽人も政治に熱心していると見られるが、両者が比べたら、どうも北京の人の足元にも及ばない気がする。北京の人は天子の足元にいて、

政治中心の巨大な吸引力は磁場のように北京の人をひきつけ、政治に対しての熱狂をやめるにはやめられない。名作家老舎は「北京の庶民まで、みんな大なり小なり役人になることに取り付かれた者であった」と感慨深く指摘したことがある。

「文化大革命」のとき、中国人はみんな国家の出来事に関心を寄せることを要求され、人々がほとんどすばらしい政治家になってしまったようである。そのごろ、北京の人は自分が首都にいるだけに、みんな先頭を切って一切を顧みずに突き進んできた。「文化大革命」が最高峰に達するにつれて、毛沢東をおおいに神化しただけでなく、北京をも神聖なる光に包まれた。熱狂的な歳月はもう歴史家の研究対象になったが、中国の二十年余りの改革開放とともに北京の人の考え方はおおいに変わってきた。ただ彼らの政治に対しての興味と情熱は「京粋」として今日まで保存されてきた。

北京の人にとって政治を憧れるのは職種別がない。町の行商人までも政治話ばかりしゃべることもできる。だから、「政治は北京の人の生活において塩のようで、それがなければ生活はつまらなくなるに決まっている」という言い方が出るわけである。

北京の人が政治に対してとても敏感である。政治と風馬牛のことに対してもその事件の政治のにおいをかぎたがる北京の人。これも北京が文化芸術の出来事の一番センセーションを巻き起こしやすいところになったわけである。上海人は文芸作品を鑑賞するとき、いつも「おもしろい」、「おもしろくない」という角度から判断する。それに対して、北京の人は政治背景、人事関係、上司の態度などの要素から考え、推察したり分析したり推測したりして町中のうわさにならなくてはすまない。

政治に対してすごく情熱を持っているため、北京の人はみんな政治家みたいで友達の集まりも政治家サロンのようなものにさせてしまった。彼らは国家の出来事とか政治情勢とかの話をはじめたらきりがない。「北京の人は主義ばかり、広東の人は商売ばかり」という口頭韻文まで生まれた。

最新の政治情報が頭いっぱいで、心には独特な政治見解ばかり残っている北京の人。北京の町で随意に何人の市民を選んで、彼らの政治水準は地方の

県長のレベルに当たるとふざけた言い方もできた。
　政治化にかかわるのは北京の人の素性、背景、身分を重視する傾向である。取り引き合うとき、もし名刺にあるグループの代表取締役とかのような肩書きを印刷しておければ、北京商人自らあなたに敬意を発生し、まじめに商売するに違いない。
　商人は政治に関心を寄せることも別に非難すべきほどではないが、北京の人がひたすら政治世界に思い込んだことは必ず市場意識が鈍くなることを導く。それに、商業行為は長官の意志の変わるにつれて変化するため、北京の人はいつも官界に関心が多すぎ、市場に責任を十分に取らないきらいがある。
　だから、有識者はこういう政治情緒が市場経済に与えたマイナスの影響について下記のようにまとめた。
　（1）企業は投機的な色に染められやすく、表面上の文章をやりすぎながら、実務をやる精神に欠ける。
　（2）企業は市場変化に鈍感で、市場開発が足りない。
　（3）商人は商業に対して忠誠心が足りず、商人らしくない。
　しかし、商売をするという角度から出発すれば、北京の人と付き合うなら、彼らの政治情緒を非難するよりそういう特性を利用して商売を促すほうがよい。
　では、どうやって彼らの特徴を利用すれば良いのか。
　（1）先ず、北京の人と取り引き合うとき、できるだけ政治の看板をすることを通して、彼らの好感を博することができるし、協力の第一歩を打開することもできる。
　（2）政治上の名人を看板にするのは会社あるいは個人の重さを増すことができる。
　（3）北京で大手企業、大手グループと有名なブランドは一番局面を打開しやすい。
　（4）会社の代表取締役やCEOが自ら相手と取り合うなら、北京商人もまじめに対応する。自分の助手のような人を派遣して北京商人と商談するな。

二、北京の人のユーモアをわかるように

　中国人の中にもっともユーモラスな人は北京の人であるといえる。「燕趙文化」の影響が北京の人に率直な性格を賦与させたことに加えて、長期にわたる首都として存在してきた優越な地位と魅力ある方言のおかげで、北京の人はユーモアを思うままに活用できるようになる。北京の人は商務交際上ユーモアをおおいに利用する。中国人の中に北京の人はもっともユーモラスな人間であるといえる。率直な性格特徴のほか、首都としての優越な地位のせいで、彼らはいつも尊大に構える。非常に自信で、自分の弱点をごまかすどころか、かえってもっと誇大的に言ったりして、人にユーモアのセンスを与える。たとえば、一人の禿はこう言う。「私は髪がないのは確かだけど、学者のような風貌があるよ」。背中が低い人は多分こう言う。「低いなんか別にいいんじゃない、服を仕立てるとき生地を節約できるし…」

　実際、北京の人は商務活動を行うとき、勝利を得られるためユーモアを武器としてかねて使いこなした。その主な方法とは：（1）含蓄法。北京の人は人と取り引き合うとき、相手を批評しても激しい言葉遣いを避けて含蓄且つユーモアの言葉を使う。相手を非難する一方、双方関係を破らない効果に達する（2）情景法。話し手が失言したあと、さっき言及した対象に基づいてある情景を作ってユーモアを形成することを通して、自分を苦境から解脱したり反撃を免れたりすることは情景法ということである。北京のある会社の社長は記者会見を行うとき、地名や人名をよく言い違った。彼は「新疆」を「チベット」とまた間違ったとき，記者に指摘されると、彼はすぐ言い換えして「すみませんが、この間チベットで商談をまとめたので」と解釈した。記者たちはみんなどっと笑い出した。実はこの会社の業務はチベットまで拡大しない。こういうユーモアを利用して自分を苦境から解脱できるし、巧みに会社の宣伝もできた。（3）曲解法。あるきれいな女がマーケットでスカートを買っている。彼女は四枚続けて選んだがなかなか気に入ったものがなかった。選んでゆく気配に気づいた従業員は不機嫌になって、ひそひそつぶやいた。その女が落ち着いて従業員に言った。「貴社のサービスに関する申

第一章　政治の北京と実務の上海

し合わせの中にそう書いておいたでしょう。何度問われても嫌がらない、何度品物を取り出しても嫌がらないって、私は何度どころか、四度だけ選んだよね、百回とすれば、あと９６回も残ったよ」、「みんなお客さんのように百回まで選んだら、私たちが商売をできなくなるんでしょう」と従業員も言い返した。「そんな、私は百回と選ぶと疲れて死んじゃうよ、じゃ、貴社のサービス規約は十回品物を取り出してもいやがらないと改めようではありませんか、私たちは百回の任務を完成できないよ。」

　これを聞いて従業員もこらえきれずに大笑いしてしまった。商務活動中、頭がいい北京商人はよくわざと相手の言葉を曲解する話をしてユーモラス特色を作る。こういう手段を使って気楽に話せる雰囲気を作り出して、相手が喜んで自分の意見を受け止められる。

　（4）言語環境を隠す方法。特定の言語環境の下に、言葉は自身がもともと持っていない情報を提供してくれる。こういう情報を「言外の意味」ともいう。「言外の意味」を利用して自分の考え方を表すことを通してよくユーモラスな効果を得られる。北京的なユーモアはこういう特色がよくある。武漢市漢正町で、露店の商人が一人の北京客に靴を売りさばいている。商人はこう言った。「この一足をください、お客様、これらはきっとお客様と同じように長生きしますよ」。お客が聞いたら「自分がそんなに早く死ぬとは信じないけど」と微笑んで答えた。この言語環境には、お客の話の中には「君の靴は質が悪く、履くことに耐えない」という判断を含んでいる。しかし、この判断は「自分がそんなに早く死ぬのは信じない」という一句には含められない。それは当時の言語環境の下に生まれた言外の意味である。お客がこういう曖昧でユーモラスな言い方で相手を批評でき、自分の素養を見せたほか、相手も反論できなくなる。

　ユーモラスな北京の人と付き合う過程に、特に商売をするとき、速やかに彼らのユーモアを分かるようにしなければならない。そうすると、彼らの真意を受け止められ、迅速に真偽を見分けてから自分の決定をもできる。

　北京の人のユーモアを読み取るため、下記の秘訣を使ってみて：①さっき触れた四つの北京の人が慣用したユーモアと話し方を理解するようにする。

②京式ユーモアに得意な北京の人とできるだけ多く接触し、彼らのユーモアの特徴を理解できるようにする。③言語環境と合わない言葉を聞いたとき、それは京式ユーモアかもしれないと意識して、よくそのユーモアをかみしめて理解できるようにする。

三、接触多く、雑談多く

　北京の人を真に迫って描く言葉というと、「侃大山」のほかにはならない。「侃大山」というのは、何の目的もなく雑談するということである。北京の人のこういう特徴が地元以外の人はどうしても足元に及ばないところである。北京の人の口はまるで油を入れたようにぺらぺらしゃべ続けられる。長城、故宮からクリントン、サダムまで絶え間なくしゃべれる。北京色っぽい作家たちが描き出した人物は、いずれも口上手で弁舌が淀まなく絶え間なくしゃべれる口達者な男性と北京ずれである。

　しかし、彼らが話す内容は主題もなく、ただの無駄話である。北京の人が「何を話す」より「どのように話す」「どうやって上手にしゃべるようになる」ということを重視する。目的より形式ばかり重視し、話すために話すだけである。何もすべきこともないようである。「侃」は北京の人の特有のレジャーのやり方だといえる。北京では、しゃべれるのは個人能力と資本にもなる。口上手のものを「侃爷」まで北京の人に丁寧に呼ばれるのである。北京の各業界において名高い「侃爷」が活躍している。「侃爷」たちがすばらしい言語表現力を持っている。聞き手が多ければ多いほど、反応が激しければ激しいだけ、彼らもより興奮になって張り切ってくる。

　もっとも驚かせるのは彼らのタイミングを掌握できる才能がある。半時間とか十分とか規定しておけば、彼らはゆっくりと秩序立っていながら、無駄話もなく自分の見地をはっきり述べられる。北京の人の企業家の集まりには、商人たちはよく我先に争っておおいに弁舌を振るう。上海のこういう弁論の才能がある人はより少ない。典型的な上海の企業家の集まりには、商人たちは立派な服装を着て、上品な風雅を見せる。みんな行き過ぎないように発言したり遠慮したりする。「侃」という問題について、京海の区別が明らかで

ある。

　北京には、「侃」と一番親密な関係を持つのは「捧」である。「捧」は口を極めてほめる、へつらう、人のために吹聴するという意味合いを含んでいる。「侃爺」と対応するように、「捧爺」もたくさん生まれた。ひとつ長くて面白くないドラマや文芸作品がまだ公開上映されないのに、「捧爺」たちが断りなしにメディアを利用して、カーペット爆撃を始めた。空前絶後とか、史上かつてないとか、新天地を切り開くとか、天地とも暗くなるまでほめられる。そのあと、騙されたと叫んだ人たちの姿だけ残っている。これと関連して、北京商人は外国の商人と交渉するとき、何人かの「捧爺」を雇って、最初から自分のことをあれこれと飾り立てて吹聴してムードを高めるきらいがある。北京の人のこういう特徴にあわせて、彼らと商談をするとき、注意しなければならないことが三つある。

　(1) 辛抱強くなる。北京の人は雑談をしたらきりがない。こんな時に必ず落ち着いて相手の話を聞く。つまらないと感じても顔に見せないようにしてください。北京の人の話したがる意欲を満たすのは商売の門への鍵である。「急がば回れ」というように、北京の人と商談するとき、単刀直入に商売話をするな。

　(2) 北京の人を導くように。北京の人の話題範囲は非常にひろいである。酒食遊楽、衣食住、奇聞逸事、東西南北、政治経済、文化体育等等、何でもある。そのなかに、北京の人は政治のことについて最も夢中になるのである。この点は上海人、広東の人と違う。上海人はいつもつまらない事柄、不思議でしたのニュースとコラムに気にかける。広東の人は政治とか社会話題とかについて態度が相当に冷淡で、自分の商売だけ関心を持っているのである。そのほか、誘惑力がある話題に興味が持つ。だから、北京の人と商談を始める前に彼らを導いて政治についてうんと発表させるほうがよい。政治にまったく分からなくても大丈夫である。まじめに聞くふりをすればいい。北京の人はみんな政治について自分なりの見解があるようである。

　(3) 色掛けに用心しよう。「侃」に得意な北京の人は商売するときにもからかうことを忘れない。それによく美人をやってあなたと話しに来る。心理

学からいうと、男性は異性、特にきれいな異性の前に慈悲を掛けたり手心を加えたりするようになる。もともと譲歩できない条件であっても、女の甘い声の中に妥協するかもしれない。北京商人の身辺に寄り添う美人たちも弁舌の立つ人だかもしれない。だから、彼女たちの前にも理知を保たなければならない。北京商人の「若い愛人」だけでなく、もっと重要なのはあなたのためにわざわざ用意した罠、いわゆる「糖衣を着せる砲弾」に用心しよう。

四、互いに率直で誠意を持って付き合おう

　北京の人は誠実の性格特徴がある。北京の人はとても実際で、何をしても実務に励んでいる感じをさせる。彼らは真実の間柄を憧憬している。人を騙したり悪賢くしたりしない北京の人は君子の風格がある。北京という都市も全体的に質朴簡素にみせた。たとえば、マーケットや店で買い物をするときも、店員に法外に吹っかけられることに遭わない。価格は大体同じくらい。人と接触するときも知り合うことを問わず率直で誠意があり、互いに騙しあったり用心したりしない。

　北京に行ったことがある人は北京の人に対して「北京の人と安心して付き合うことができる」という通念がある。地方の人たちをいじめることもあるが、それは主に首都人としての優越感から由来した行為である。北京の人は落ち着いた生活様式、人や物事に接する穏やかな態度と着実な仕事ぶりによって商業界において信用を立てて、よいイメージを打ち立てた。こういう特徴にあわせて、北京の人と商売をするとき率直で誠意を持ちながら付き合わなければならない。そのため、下記のことを覚えておいたほうがいい。

　(1) 誠実に人や物事に接する、虚偽はしない。
　(2) うそ偽りがないように、偽物を作らない。
　(3) まじめで誇張しない。
　(4) 言ったことを守らなければならない。

五、社交を重視しよう

　北京の人の人間関係は一番人情味がある。彼らは中国の「和をもって一番

尊し」と「中庸の道」という伝統観念を代々伝わってきて、人と人の間の調和を保つようになった。したがって、最終的に社会全体に調和を取れるようになれる。北京の「四合院」（旧式の家）には、血縁がない家族が同じ空間に一緒に暮らしてきて、相互的に配慮したり苦を共にしたりすることを通して、きわめて和やかな人間関係を形成できた。

　人間は祖言う暮らし方に容易に好きになった。こういう感情がまた代々伝わられて淀んできて、しっかりしている文化の特徴にもなった。今日になって、北京ではビルディングで「四合院」を替わったにもかかわらず、そういう文化特徴はかえって続けてきて、絶えず新しい要素をも加えられている。現代北京の人の日常生活の中に、相変わらずよい人間関係が維持されている。人々は互いに尊重したり遠慮したりして、どんなことでも相手のためを考える。食事を例に取れば、何人の商売人は一緒にレストランへ食事に行くとき、みんないつも争って支払う。レジカウンターの人は誰のお金をもらうかわからなくなるまでみんな譲歩しようもないで支払おうとする場面がよくある。出かけるなら、誰もみんなの食べるもののような必要品を用意しようとする。自分が持ってくるものが少なくてもいつも持ち出してみんなで食べることにする。

　北京の人は互いに分け隔てがない。集団生活中、みんな買い物をするとき割り勘をすることや一人でひっそりものを食べることをあまり見られない。彼らにとって、互いに利益のことをあまりはっきり分ければ、特に細かいことにけちけちするなら、それはまるでけちと利己のことである。もっと重要なのは個人の損得ばかり気にかけることで調和を取れた人間関係を損なっていけない。一旦誰かこういう完璧なイメージを損なうなら、その人は「よそよそする」、あるいは「別にどうということもない」と見られる。それも友情知らず、身を処することができない態度である。

　北京の人は他人と付き合う過程中、友情を大事にする。友情は互いに浸透することができると思われる。よい人間関係を維持するため互いにコミュニケーションすることは一番いい方式であると見られる。友達と付き合うとき、むしろ自分が損をするより相手のことを損害したくない、「苦楽を共にした

友がまれに会える」という意識がある。

　商売をするとき、北京の人は「友達をだますのは一度、自分を害するのは一生」という格言を謹んで守る。したがって、彼らは人となりが正直で、人を助けることが好き、よく人のためを考え、友達に行き届いた関心を寄せるほか、見返りを求めない。

　北京の人の家に訪問すれば、主人は手厚いもてなしを出して、いつも一番いいものをお客さんに差し上げ、自分の分も譲るまでやれる。盛りだくさんの料理の前に、お客は思い切って食べるほうがいい。あまり遠慮したりあれこれと断ったりすれば、さっぱりしないと思われるかもしれない。お客が多ければ多いほど食べれば、主人ももっと楽しくなる。北京の人の間に、「料理人に対して一番いい褒美は料理を食べきること」ということわざが伝わってきた。食卓にお酒はどうかというと、これはまったく欠けられないものである。痛飲することは北京の人の朗らかな性格を示す重要な特徴になる。酔っ払いで主人の客好きを体現したり、主客関係も打ち解ける目的にも達したりすることができる。北京の人の客好きが全国においても有名である。

　北京の人の率直かつ豪放な性格を持っているだけに、彼らは他人の恩恵を一方的に受け入れたくない。一番仲がいい友達としても、「礼には礼をもって返す」というやり方を守っている。「しずくの恩、力の限り恩に報う」という古い伝統は今日の北京の人の生活にまだ存在している。現代の都市生活の中、ビルで独居している生活は町内の付き合いを制限するので、人々は「四合院」で暮らすように朝から晩まで一緒にいることはできなくなった。それに、人間関係も以前より冷淡になり、お互いに全然交渉を持たない例もある。それにもかかわらず、北京の人は依然として友達や隣近所の人と和やかな関係を維持することに全力を尽くす。よく言われるように、遠い親戚より近くの他人。困難さえあれば、隣近所の人はいつも解決にかけてくる。恩義を忘れる人は北京の人に軽蔑されるに決まっている。北京の人のこういう特徴に合わせて、北京の人と商売するとき、上海人と違って彼らは人情豊かな人間であらから、人情の付き合いを重視しなければならない。

六、「貴族夢」に迎合するために

　今日の北京の人は財布が寂しい民衆としても財産が山ほどある金持ちとしてもみんな貴族になろうとする夢を抱えている。善良な民衆たちは別荘も車もあれば、巨額の貯金も美人もあるというような金持ちになりたい、金持ちはまた貴族の立派さと名誉がほしく、人に羨ましがらせたい。

　普通の北京平民の月給は6000元から8000元くらいはある。ブランド品を買いたいなら、一年か半年ばかりお金をためるほか、決心を下さらなければならない。貴友ビルで二人の恋人はブランドの服を買う。その当時の感じを聞かれたら、「いつもまともでしたの服を買いたいが、手元不如意なのでできなかった。やっとお金が十分ためられて、ブランドを買って元気を出しよう」と答えた。北京の賽特、燕沙デパートで買う人より見る人が多い。ただし、見る人の購買意欲はちっとも引けをとらない。彼らの目から貴族夢を見られる。収入は自分の消費貴族化を許されたら、北京の人がきっと待っていられないほど彼らの貴族夢へ急いでいく。

　北京の民衆はみんな自分の貴族夢を抱えている。何か買いたいとき考慮を入れなくても出せるお金、華麗な装飾をした別荘、立派な車などがほしい。だから、北京の人のこういう消費心理は巨大な商機が潜んでいる。こういう特徴をつかんで策略をめぐらせば金をもうける。したがって、北京で順調に商売をするために、下記の注意点を覚えておこう。

（１）よく貴族の看板をする。
（２）ブランド品、高級品を売る。
（３）車、不動産の売れ行きがいい。
（４）ペットが非常に受ける。
（５）美容、高級の娯楽など大きな市場潜在力がある。

　市場経済の波がひとしきりひとしきり高まるにつれて、いつも内気な北京の人も期せずして同じくらいの夢を抱えてくる、それは都として特有の「貴族夢」である。したがって、もともとからかう意味合いを持っている「大款」という言葉もメディアにほめられてから、目下一番流行っていてもっとも人

に羨ましがらせる言葉になった。豪壮なデパートには門前市をなすほどにぎやかである。高級なレストラン、アトラクション場所には歓声が沸きたてている…一瞬の間、みんな金持ちになったようである。燕沙友誼デパート、定価３２００元の皮靴が商品棚に上がると、一週間に経ったないうちに、４０足も売られた。一人の金持ちの身なりをする男の人はその靴の値段に対して高いとは思わないみたいに「これよりもっと高いやつはないか」と聞いた。いうまでもなく、彼は３２００元一足あたりの靴にまだ満足しない。ワンフーチンデパートに一口のブランドの時計ローレックスを仕入れた。定価は３００００元。一人の身なりが少しも目立たない中年男性が一度二つを買った。行く前にまたひとつ１１２０００元の時計を注文した。

　価値法則の基礎において分析すれば、商品は高いだけ買う人も少なくなる。これに反すれば、買う人も多くなる。現実にはそうはいかなくなるようである。ワンフーチン大街にあるデパートの営業部部長はこう言った。「一枚定価４０００元の毛皮コードが一年余り並べられても、なかなか買い手がつかなかったけど、それと生地が同じくらいの定価２万元の毛皮コードが買い手がいるんだ」と。

七、北京の人の広告にご注意

　品物の販売中、北京の人は「良い品は高い，安物に良い品はない」という考え方を持っている。北京では、多数の企業と会社は「良い品は高い，安物に良い品はない」という観念を持っている。鼓吹されたのはよくない品物に決まっていて、いい品物なら絶対鼓吹必要はないと思われている。彼らは売れ行きがいいなら広告はしないが、ただオーバーストックしたときだけ広告をしたくなる。北京では、カップラーメンを生産する企業はたくさんあるのに、テレビで広告宣伝する企業は割と少ない。テレビでいつも見られるのは「統一」や「康師傅」のような地方と台湾のカップラーメン企業のコマーシャルである。それだけでなく、テレビ、冷蔵庫、テープレコーダなども、北京テレビで広告をする企業は現地のがほとんどない。

　地方企業は北京で広告をやって大挙して攻撃しながらも、本場企業は相変

わらず計画経済体制下の「良い品は高い，安物に良い品はない」という観念を抱えている。たくさんの南方企業は広告を大事な経営戦略として積極的に行う。製品を開発したて、まだ発売されないうちに消費者の購買意欲をそそるためにコマーシャルをし始める場合が多い。出始めたあと、広告戦もいっそう迅速で激しくなる。広州では、ある新聞の広告紙面はただ一版の価格も８１０万元もする。それにもかかわらず、広告をするには列を成すくらい人がいっぱいである。百万元も惜しませずにスターを招いて広告する企業もある。しかし、北京の人はそうしない。その代わり、彼らは広告をするときになったら、注意しなければならないときも来る。

八、自発的に宅配しよう

　民族性の地域差についての研究によると、中国の南方の人は北方の人たちよりもっと忙しくてまめである。南方の農民たちは旧暦の元旦を除いて、平日はいつも水田で働いて休暇が少ない。気候と環境のおかげで北のほうの農民はより気楽な生活をすごしている。特に厳冬には外の活動に向かないので、いっそう休暇は増えさせた。それは彼らの無精に導いた原因でもある。歴史と地理の要素で、北京の人も相当に無精な人たちにさせた。例えば、王氏、４２歳、働き盛り。彼は北京のある国有企業の溶接工で、体が頑丈なくせに「労働の保障」で過ごしていて、毎日鳥かごを提げて散歩に行く。８０年代のシャツを着、硬いプラスチックのスリッパを履いて、いつも人にむせる酸っぱいにおいがしている。悪質の煙草を吸い、黄色の門歯を見せながら、酒の臭いを噴出している。住所も悲惨で見ていられない。木の板のベッド、１２インチの白黒テレビ…テーブルには食べっぱなしで、天井にもくもの巣ばかり。妻もそんな貧乏を我慢できなくて彼と別れてしまった。

　それにもかかわらず、彼は相変わらず無精でしようがない。彼はむしろ毎日インスタントラーメンと漬物だけをかじるよりも無精と別れを告げて、力と技術で新しい生活を作りたくない。北京の人の無精は確かに首都人としてのイメージを損なう。怠けるせいで、たくさんの北京の人はもともと自分が稼げる金を地方の人に拱手して譲った。

先ず、北京の人の無精は地方の人に商機を創造させた。歩道橋から永定橋街の西側まで、数え切れない隣り合わせている衣料品店である。天壇西の門を境にして北の区と南の区を分ける。北の区の小商人はほとんど北京の人で、南の区のは一様に南方の人である。したがって、競争もここから始めた。
　北京の人の仕入れ値段はいつも他人のより高い。価格ラベルをつけたきり、商人たちは集まって看板をしはじめた。どうせ自宅前にいて、行き来も便利し、売られなくても心配は要らない。いつか一人の金持ちを狙って、一枚を売っても何枚の利潤を得られるかもしれないと彼らは信じている。それに対して、南の区の地方人は北京の人のようにさっぱりすることできない。食べるのも住むのもみんなお金が要るし、それに北京の家賃は少しも安くないし、彼らは熱心に大声で叫んで利潤さえあれば売るから、値段も北京の人より非常に安い。どんなに安い値段で売っても、南の区の人たちはいつもより安くなることにどうも合点がいかない北京の人にとってもっと納得できないことに、彼らはどのルートからはけのいい商品を仕入れても、店頭に現れてから二三日が経つさえすれば、地方人の模造品が必ず続々やってくるのである。とうとう無精な北京の人は白旗を掲げて投降して、いっそのこと営業許可書をも南方の人に賃貸して、自分が日照りにあっても降雨が多すぎてもよい収穫が保障されるように事を済ませる。そうすると、地方の同郷人たちは無人の境を行くが如し、やればやるほど商売がますます繁盛になった。その次、北京で商売をするとき自発的にすることはいつもいいやり方である。北京では、自発的にやられることはたくさんある、たとえば、
　(1) 野菜屋をする。
　(2) ガスを送る、商品を届ける。
　(3) 家政婦になる。
　(4) テレビショッピング、ネットショッピング。
　(5) 引越し運送会社、荷物の運送をやる。

九、かっこよさは立派にしよう

　北京の人は体面ばかり気にする。体裁ぶるだけに、北京の人は形式を重視

している。永定門外に住んでいる翁さんは中古品市場が有利であることをつけ込んで、ふと思いついて友達に３万元を借金して「愛心中古品買い付け会社」を開けた。会社が設けられる際、翁さんは忙しくてしようがない。テープカットを頼んだり、看板をかけたり、名刺を印刷したりした。自分を社長にして、営業課、手入れ課、広報課、財務課をそれぞれ設けてから、二人の安徽人の女性秘書をも雇った。二ヶ月が経ってから、３万元も使い果たしたが、商売をひとつもまとめなかった。

　もっとひどいのは、企業が非常に不景気くせに、企業主は必ず高級車に乗ったり、高級ホテルに宿泊したり、ブランドの服を着たりしなければならない。その目的といえば、「企業主としての輝かしいイメージ」を守るのである。目下最も流行った携帯を持っているが、実際は全然使いない。料金不足でとめられたわけである。もし彼らに携帯を借りるなら、貸すは貸したが、きっと「あっ、パワーオフしまった」とわざと驚いたふりをする。面子なんかものは北京の人をさんざん害したが、彼らと付き合うとき面子のことを重視しなければならない。彼のこういう見てくれや形式を重視する特徴にあわせて、商売をするとき地方人は下記のことを注意するほうがいい。

　（１）かっこさは欠けない、でなければ北京の人に軽蔑される。
　（２）立派は欠けない、でなければ北京の人にあなたが実力がないと思われる。
　（３）大きな話は欠けない、でなければ北京の人に腕前がないと認められる。

十、教養を重視しよう

　北京は大きな人材庫である。ここは中国の一番権威と影響力がある高等な学府と科学研究機構が集まっているばかりでなく、中国においてもっとも優秀ですばらしい人材も集中している。「北京では、随意に小石を投げ捨てれば、当られた人はたぶん博士だ」と冗談を言う人もいる。今の北京では、個人資産と雇用人を持っている企業主は少なくとも１００万人に達した、こういう趨勢はまだまだ迅速に発展している。新しく設けられた民営企業は支配人

が多くは若者で、教養の程度がますます高くなっている。修士と博士の学位がある人もいれば海外留学帰国組さえもいる。普通、彼らは科学研究、情報産業とサービス産業にたずさわる。

　これらの知識人から転じた商人は教養高く、情報に鋭敏である。商売をする経験が豊富ではないが、市場経済の理論をよく把握した。それに、多くの人は海外で見学した経験があってから、何年の商売経験を積んだことに加えて成功できる人は多数を占める。教育程度が高く、現代の管理経営知識もあるので、特に彼らは京城の役人たちと広範な関係を持っているという神通力がある。工場から出身した私営企業主や個人経営者と違って、彼らはいつもめがねをかけ、パソコンを提げ、ぱっりとした背広を着ていながら、自分の発明を製品化するため準備したり、ある地域や企業のため画策したりしている。こういう人は京城商人の寵児である。だから、彼らと商売をするとき、現代の管理知識を活用することを除いて、濃厚な文化の息吹が備わらなければならない。これは下記の内容を含んでいる。

（1）教養あるビジネスパーソンの気質があり、言葉遣いや態度が上品であること。
（2）博学で自分の分野に専門知識をよく把握できる。
（3）芸術の教養がある。
（4）外国語をわかる。
（5）ある問題に対して自分なりの見識がある。
（6）文化の分野の名人と付き合っている。

　商業問題を含めて、もしある問題に対して見方が一致できれば、北京の人の商人はあなたを親友にするかもしれない。そうすると、商談をまとまるだけでなく、彼らの一生のフレンドにもなれる。

十一、殿さま商売に気をかけよう

　歴史上から見れば、中国の殿さま商売はずっと繁盛している。高官が商売をすることは、等級制度下の特権階層の生まれものであるとともに、きわめて不平等な独占でもある。しかし、歴史上から見ると、北京の商業者はまず

権力商業の代名詞である。

　昔、皇室から小役人まで自分が握る権力で利益をむさぼったので、京城の商業界はまったく殿さま商売であった。殿さま商売は自由経済を妨げている。中国の商品経済の緩慢な発展もこういう盛んな商売と親密な関係がある。新時期になっても、殿さま商売は依然として北京商人の大特徴である。元の商業部部長はこう言った。「京城の新商人は普通伝統商人と政府役員の中から出身したから、商売をやる方式も権力の転移で現れている。北京の市場は大きいではないけど、商売をする場面は全国においてもっともあるのである。北京の豊富な情報は主要の原因である。権力と情報は京城商売場の最大な特色をなしたといえる。

　京城の大なり小なりの役員と関係を持っている京城商人は少なくない。手段が多く、情報も鋭敏である。彼らは大きな商売が好き、成功する例も多数を占める。たとえば、乔某、北京のある商業会社の社長。彼はもともと国家機関の課長であった、後に部長の秘書に昇格して、副局のレベルの調査研究員になった。部長についであまねく国内と海外を見回った経験がある。彼は商業界のたくさんの名人や企業主とは普通ではない関係を持っていて、彼らの合理的な要求にも満たしたことも何回もある。

　政治と経済が互いに提携する過程中、彼は自分の商業に対しての才能を見つけた。そのとき、ちょうど彼が所在している部門は貿易会社を設けられた。彼が進んで社長に自薦した。最初、人々は彼が政界から商業界に渡ることが賢明であるかどうか疑問もあったが、たった一年後、彼の会社はすべての借金を返済済みして、京城の商業界において全局面を左右する重要な立場にある進出口公司になった。一般的に言えば、北京の商業界は下記二つの特徴がある。

　(1) 最大な特徴は権力を利用して商売をすることである。こういう特徴は役員たちが権力で商売をするだけでなく、ある人は役員が握る業務権を利用して商売活動をすることに現れる。その中、主要な形式といえば：①商人は配当することや諮問費用を分けることを通して役員に報酬をあげ、ひそかに役員と協力して商売をする。②役員の影響力を利用して転売をやる。たとえ

ば、自分の子女、親戚、友達が商売をするときなど。③権力の転売、業界の転売など。

　(2) 顕著な特徴は商人と役員が互いに利益がある、無資本で金をもうける。「役員転売」というのは資本と結合しなくても発展できる不均衡な経済である。「役員の投機商」は一定の国有資産の経営権を握るだけで政治特権を利用して経済活動に参加できる。国家と人民の利益を犠牲にして商人と役員の利益互恵に達する。かつまたこれは「無資本で金をもうける。」というのである。

　たとえば、何年前、すごい腕前がある一人の悪質ブローカーがいた。彼は何トンの鋼材の貨物引替証を二枚持っていた。１トン当たり１００元を値上げして売られて５０００元の利潤をもうけた。買い手がまた１トン当たり１５０元を値上げして転売した。その人はまた値上げしてもう一人のブローカーに転売した。その悪質ブローカーはまた転売…最終回の転売を経て鋼材はやっとユーザーの手に入った。この貨物引替証は最初から合計５回にわたる転売されて、１トン当たりの価格は７００元から１５００元まで値上がりした。五人の悪質ブローカーに４万元の暴利をむさぼられた。こういう五人はみんな資本がないが、一枚の貨物引替証の経営権だけで使用者の利益を犠牲にして、国家からお金を盗み取る目的に達することができる。

　北京の殿さま商売の特徴にあわせて、彼らと商売をするときの注意点とは①彼らと長期的な友好関係や協力関係を結んだら、たくさんの難問をすらすらと解決できる。また行政機構の効率をたかめられる。①行政が商売上の各段階に干与することに用心しよう。②双方が紛糾するとき慎重に対処しなければならない、もし訴訟を起こせば、勝つというわけがない。

十二、サクラを防ぐ

　北京の商人は人間がやじを飛ばすきらいがあることによく分かっている。あらゆる方法を講じて利用しようとする。さくらを雇ったのも彼らの発明である。「さくら」という言葉は北京の方言で、買い手と売り手が値段を掛け合うとき、ひそかにお客のふりをして売り手に手伝う人をさす。京城の商

業界に一群れの「さくら」が活躍している。珠宝市街のある卸売屋の外に、一群れの地方人は安いスニーカーを買い争っている。売り声があちこちから沸き立っていて、たくさんの旅行人がひきつけられた。人群れの中、何人の男の青年がすぐ何百足を買いながら、「安い、本当に安いんだ」とがやがや騒いでいる。周囲の仕入れに来た卸売業者は彼らの行動に深く刺激された。

　そうすると、もともと見るだけの卸売業者は気持ちを抑えられなくなって、みんなお金を出して争って買い始めた。多くは二、三百足、少なくとも一、二百足もある。騒乱の後、その何百足の靴を買った青年はまた露天の店に帰って、買った靴を元に置いて、露店商人から一束の紙幣をもらった…。そういう靴を買っていった青年はなんと「さくら」なんであった。こういう「さくら」はほとんど地方人で、アクセントからすれば、天津人、浙江人、東北人等々、多くの場合では、こういう「さくら」は女性である。ある店の店員の話によると、「さくら」は商店に手伝って３０元の商品を売ったら、２、３元のリベートをもらえる。一日に少なくとも何百元をもうけられる。

　「さくら」は商品を売られるのは人間のやじを飛ばすことが好きという心理を把握できるわけである。買い手が目が利かず、よく他人にほめられる商品を選んだり、人々が争って買うところへ集まったりする。「さくら」が大騒ぎしたあと、何人のおばかさんが出ることも当たり前になる。だから、北京の人と商売をするなら、人がいっぱいあるとき、頭を使って考えなければ「さくら」たちに騙されるかもしれない。

第二節　実務的な上海商人

　上海商人が商売する目的をはっきりしている。利益が唯一の基準である。商売をするとき、上海の人は利益がないことを絶対やらない。上海の人は得るべきものだけほしく、分不相応な考えが少ない。上海の人と商売をするとき、よく細かい問題について争論を起こす。いつも尾を引いて、彼らと商売をするのはとても疲れた感じをさせる。したがって、上海の人と商売をする

ときたっぷり辛抱が必要である。規則を守る。契約を結んだ以上、不可抗力さえなければ、彼らは絶対曖昧なことをしないで契約どおりにする。上海の人と商売をするとき、金融分野の協力が容易に成功できる。

一、上海商人の争奪目標

　上海は南北海岸線の中心に位置し、長江のデルタと長江流域を背にして、広い内陸地があって、影響力が強い。かつてアメリカのニューヨーク，英国のロンドン、フランスのパリー、イギリスのベルリンとともに、「世界五大貿易都市」と世間に呼ばれる。解放されてからもう５２年になったが、上海はすでにわれ国の重要な工業基地になっただけでなく、最大の経済センターにもなり、エネルギー、物資、商品の集中消費地と生産基地でもある。金融、保険、進出口のようなサービス産業が発達している。改革解放以来、上海は港としての優勢を発揮して、メカニズムを転換したり、資金を導入したりすることを通して、中心都市の機能を大いに発揮し、商人がどっと集まってきて、社会経済の発展に重要な役割を果たした。

　上海市内の人口密度は全国一である。１９９０年に都市センターの十個の区、２８０平方キロメートルの面積に７０６万人も住んでいる。１平方キロメートル当たり２．５万人も住み、ある町には何十万人も住んでいるものである。２０世紀９０年代に、新しい経済構造の元に、三度にわたった産業改造によって、上海のサービス産業が繁盛にさせてきた。東方大都市としてその総合的な機能はますます新しく位置つけられた。２０００年までに、上海のサービス産業による生産高はGDPの５０％以上を占めた。サービス産業中、金融業の比重は１５．１もあった。卸売、小売、飲食産業などの国内産業の比重は５．３近くであった。運送業、郵便と電信の比重は６．８に達した。不動産屋の割合も５．３％に占めた。旅行と情報諮問の産業も速やかに発展してきた。

　目下、上海では、サービス産業の発展は「五つの川の合流」という新たな域に達した。すなわち資本流、商品流、情報流、技術流と人材流の大融合である。上海の商売はずっと繁盛している。上海には、ワイタン金融街、ビジ

ネス地帯、南京路、淮海路など名高い商業街がある一方、航空郵送、金物屋、家電など専門店もある。そのなか、南京路は「中華商業第一街」と呼ばれてきた。改造されたらもっと魅力的になった。一日のお客の流れは３００万人もある。六百軒以上の店が並べていて、各自がそれぞれ腕前を振るって、中国商業街の日営業額の記録を絶えず刷新している。淮海路は百歳の誕生日をしたばかりである。この古い町には、古典式の浮き彫り、御伽噺の中の建物、パリーの街の趣がままある。気位が高い高級ビジネスビルによって国際化大都市の輪郭を描き出した。その中、上海国際服装センターは淮海路という名目の元に、世界各ニューモードセンターと連絡し、全国のオリジナル服装文化を展示している。ブランドを押し広めるセンター、ファッションの展示センター、服装技術の交流センター、新概念の消費の創意センター、ファッションモデルを経営するセンターなどの役割を果たして、だんだんパリー、ミラノのような国際ファッションセンターの機能を備わってきた。

　徐家滙は上海の近年迅速に立ち上がった商業圏である。もともと徐家滙には大きい商店はただ第六百貨店だけあった。東方デパート、太平洋百貨、新六百和港滙広場についでに、大きい商店が絶え間なく湧いてきて、独特な「圏状商業」というモデルを形成し、上海において一番人気がある商業地帯になった。　２０世紀６０年代、上海には全天候に営業する商店はたった一軒であった。１９７８年以前も１６軒があった。今はこの数字はすでに３００を越えた。この都市の商業はだんだん全天候になってきた。

　改革開放の前、営業面積が１万平方メートルの大手商店は第一百貨、華聯デパート、ファッション公司、第一食品という四軒であったが、今は７０軒もある。もっと大きい「小売の企業グループ」さえもできた。たとえば、港滙百貨広場の営業面積は１３万平方メートル、正大広場の面積も１９万平方メートルもある。今のところ、上海商業の営業総面積はすでに１０００万平方メートルに達し、全市の小売り総額は１７００億元もある。２０００年の年末までに、上海のチェー店はすでに４６６０軒もあった。十年前から始まった上海聯華スーパーマーケットのチェー店は１０００軒くらいある。市区から郊外へ、郊外から市外へ、その拡張速度に驚かされる。１６年にわたる全

国を雄をとなえてきた上海第一百貨店さえも締め出され、全国一の月桂冠を入手し、中国小売り業界の「リーディングカンパニー」になった。

　商業貿易の規模はただの縮図にすぎない。その影に隠れている本当のことは巨大な商機である。上海、商業界のエリートを養成するところである。こういう大きいなるつぼの中、近代中国の商業界のエリートをたくさん育てた。上海っ子ではないにもかかわらず、彼らは上海から出世して、またここから全国に発展してきた。上海、商売人が互いに争奪し合うところである。上海に立脚点を置ければ、富を擁することも意味合いする。したがって、現代の商売人や企業家として、上海とその発揮する巨大な商業センターの作用を重視しなければならない。上海の商業貿易の作用を重視するなら、下記のことを注意すべきである。①上海は経済センターとしての地位に対してはっきりした認識が必要である。②改革開放中、上海が国際大都市に発展していくことを通してもたらした巨大なる商機を重視しよう。③上海が港としての作用とその金融優勢をたっぷり発揮させる。④上海の伝統商業の優良な作法をみっちり勉強するとともに、また不良要素をも防いだり克服したりしなければならない。

二、競争に参与する

　中国の現代商業の起源地として、上海商人の紛らわしい商業手段、広い経営思想は人に強い印象をつけた。中国現代の商業界エリートがみんな上海に雲集し、それぞれ腕前を振るって、縄張りを争う。これは上海の商戦をさらに激しくさせた。周知のように、市場経済が繁栄になり始めたとき、各商人は市場を打開する、縄張りを争うという問題抱えていた。したがって、一番早く市場を占められる人も一番早く機会をつかむ人でもあるので、豊かな利潤が待っていることも意味合いする。だからそのとき、商人たちは時々非理性の手段をとるまで全力を尽くして縄張りを争う。

　上海には商業競争の伝統がある。２０世紀二、三十年代に、上海市場はまだ練れていなかったのに、そのときの競争も非常に激しかった。西洋商人と西洋商人、上海商人と西洋商人、上海商人の間に競争がずいぶん激しかった。

第一章　政治の北京と実務の上海

　今の人々も彼らの競争手段、程度におどろかされると思う。たとえば、２０世紀のはじめ、上海のビール市場が外国人に独占されていた。煙台の「酔権」ビール工場が設立されたあと、市場開発の重点を上海に置いて市場を打開しようとした。当時の中国において上海は大きなビールの消費都市であって、ほかの地域の国人はビールを飲む習慣がまだ養成しなかった。西洋商人と市場を争うため、「酔権」ビール工場が大規模なキャンペンを行なった。その中「中国ビール大会」という活動もあった。

　その日、「酔権」ビール工場が上海の半淞園で一瓶のビールを隠しておいて、「誰か一番最初にビールを見つかったら、２０箱のビールをご褒美として差し上げます」と宣伝した。当日、半淞園には人がいっぱいになって、人々はこういう新しいキャンペン手段に興味深くなる一方、「酔権」ビール工場が約束を果たすかどうか見たかった。その結果、「酔権」ビールは声名があがって、上海で一気に立脚した。舶来ビールは中国ビールが公に挑戦することに面して、お金があることを頼りとして、値下げを宣して中国ビールを排斥しようとした。「酔権」ビールはちっとも譲歩しないで、万元の景品つき販売を行った。かつ巧みに賞を設計した。彼らはビール瓶のふたに、「中国啤酒」という四つの漢字を焼きつけ、一つ一つ一定の賞金を代表させ、それぞれ１３箱に置いた。字を書いたビールを買える人はふただけで賞金を引き換えることとなった。こういう挙動でまた大勝利を収め、中国ビールは上海市場によく売れる場面を形成して。西洋ビールと比べて、「酔権」ビールは中国人の消費心理をよっぽど分かるといえる。彼らは中国人の運を信じる心理を利用して、キャンペンの方式を巧みに構想して成功できた。こういうキャンペンはとても有効で、今でもたくさんの商店に踏襲されている。

　現在、上海市場はすでに成熟した。商店の競争手段もいっそう多彩になって、非理性の手段を取るまで競い合う場合もある。たとえば、いい加減に買いたたいたり、互いにデマを飛ばしたりする。上海では、商売人として商売をするには大胆に参与したり、競争をしたりしなければならない。したがって、上海の人と順調に商売する秘訣といえば、

　（１）積極的に競争に参与し、卑怯しないで上海で自分の市場を開拓しよう。

(2) 製品は質量だけで勝ちを収める。偽物を防止する。

　(3) 競争中、広告戦を活用し、積極的に自分を推薦する。

　(4) 競争中、品物が良く値段が安いの基準を守る、値下げしながら、よくサービスをあげる。

　(5) マーケティングを重視する。

　(6) 正しい心理状態と策略を運用する。不正当な行動を取らない。

三、上海商人の性格を分かるように

　東西文化の融合中、上海には中国大陸の特色ある中国と西洋の折衷式の文化を形成した。多くの中国人にとって、上海は西洋を認識する窓口であるとともに、西洋人は上海の人の身から中国を体験したり中国人を認識したりする。東西文化の摩擦と理解によって、上海の人の特有な性格特徴を形成させた。こういう特徴は「海派」と帰結された。主に下記のことを含んでいる。

　(1) 商業の伝統。中国人は農業を重視し商業を抑える伝統がある。商人はいつも「姦商」というレッテルを貼られる。近代の西洋には、重商主義のおかげで、人々は商品交換、商品流通を重視する。西洋列強あちこち拡張することも、商業目的を目安とするのである。西洋商人の行動様式、観念意識が上海の人に影響を与えて、固い功利主義と経済観念を形成させ、それによって上海なりの濃厚な商業伝統をなした。全国において有名な上海の人の「海派」のイメージは商業観念を地色としている。こういう観念は今の上海の人の心にも深く根ざしている。

　(2) 頭がいい。頭がいいというのは上海の人に対して最も深い印象である。

　これは長期の商業伝統を受けて生まれたものである。中国人は「金銭を軽んじ正義を重んずる」という伝統がある。気前が良くてさっぱりすることを重んずる。しかし、商売をするには細かく算盤をはじいたり、細かくせんさくしたりする腕前が必要である。こういう商業伝統のおかげで、伝統的な中国人の中上海の人を別に一派をなすように見えた。「すごっく頭がいい」というのは中国の商売人が上海商人に対してもっとも普遍的な評価である。実

に、経済が発展するにつれて、功利主義、商品意識もだんだん人間の心に根ざし、中国人はみんな聡明になるに違いない。ただし、上海の人は先に歩んできた。

（３）公平合理の観念。中国には法治を軽んじ人治を重んずる伝統観念がある一方、西洋文化は自由と平等を重視するそうである。伝統的な中国人は社会の等級、特権をありふれたことだと思いながら西洋人はひたすら個人の自由、人権を唱える。上海の人はいち早く西洋の観念を受け入れ、人と人の間の平等、法律下の平等と自由を重んずる。契約の観念が強固である。

（４）西洋化。特有の地理と歴史の背景があるゆえ、上海の人が生活方式の中に西洋の息吹を多く取り込まれた。外国人と商売をすること、外資会社で働くこと、西洋人の行動方式とやり方で仕事をすること、西洋人の付き合い方と商売方式でことをすること等々、これによって、上海の人をだんだん西洋人みたいにさせた。このままでいったら、だんだん西洋化された上海の人を「半可通の西洋人」と呼ばれてしまった。上海の人はやはり中国人である。しかし、外国人と商売をしたり、付き合ったりすれば、西洋の方式をとらなければならない。西洋各国の強大で上海の人が中国式のやり方を放棄せざるを得ない。したがって、商業界の上海の人たちの西洋風も明らかである。

（５）包容意識。上海は中国文化と西洋文化が寄せ集めるところである。大上海が出世する前に、ただの住民が集まっていた見た目がぱっりとしない場所であった。１９世紀の半ば以来、爆撃的な発展で上海の原住民が全体に占める割合が低くなった。海外の人、国内の人、異なる肌の色の人、異なるアクセントの人、異なる生活習慣の人、みんな上海に雲集するから、どの文化も主流になれない。こういう複雑な文化背景の下に、上海では典型的な雑種文化が形成された。したがって、上海の人は広い度量で各地の人を歓迎する。上海文化も各地の文化の色を染められ、包容性が強く排外しない特色をつけられた。これは上海が各地の文化の優勢を吸収して自分の経済と文化の発展を促進できるわけである。

以上の内容は、上海の人全体の性格特徴であるとも言える。それは近代上海の経済発展とともに形成されたが、今の上海の人の身からそういう「海派」

の特徴も見られる。そこで、上海の人と商売をする前に、「海派」性格についてはっきりした認識を持たなければならない。上海の人の性格分かった以上、彼らと商売をしたり付き合ったりするときちゃんとしたねらいがあるようになる。

四、ほかのものはいらない、利益だけを重視

　長期にわたる商業伝統の影響を受けて、上海の人は自己本位主義を中心とする価値観を形成した。日常生活中、実利を重んじ、個人と家庭生活ばかり関心を寄せ、政治離れの傾向がある。長期にわたる工商業の歴史の影響の下に、実利哲学は上海の人の根強い観念になった。こういう観念を日常生活に活用した表れといえば、上海の人の実際かつ具体的な利益の重視から見られる。物の実用価値を重んじる上海の人は、形式と機能、形式と審美の間、いつも後者を重視する。この点はアメリカ人に極めて似た。実利を追求する上海の人は複雑な事情に面しても、速やかに自分の最大利益の所在を見つかられる。たとえば、仕事を探すとき、北の人より上海の人は体面とか名声とかについての考慮が少なく、明確に利益を第一位にする。毎年上海の人が国を出る人数は全国一である。彼らは外国へ行く主な目的は利益を追求することである。

　商売をするとき、上海の人のこういう観念を持っているので、双方とも相手のことを自己利益を実現するための手段と見える。自己と他人の関係は赤裸々に目的と手段の関係に転じた。得失の計算をいつも先にする。人々は投入産出の比較によって自分の行動の効果を評価するきらいがある。上海の人は商売をするとき、単純に利益を唯一の基準にする。上海では、お金をもうければ、一面識もない人たちはすぐ仲間になれる。いったん利益を手に入れたら、あるいは、経済の目的に達することができなかったら、この仲間はすぐ解体する。したがって、上海の人は商売をするとき下記の特徴がある。①儲かるかどうかは商売をする肝心な要である。商売のため交渉する。利潤のみ極めて重要なものである。②上海の人にとって、商売相手は誰だって問題にならない。③上海の人は協力して商売するとき、双方が面識がない場合が

多く、互いに知り合う必要がない。④良好な個人関係を打ち立てられるならもちろんだが、それはよく貴重な時間をかかる。大変嫌がらせる相手なら別だが、でなければ相手の人柄や容貌などは上海の人が商売をするには大きな作用を発揮できない。したがって、上海の人と商売をするとき、注意点がいくつがある。

（1）上海の人が商売をする目的が非常に明確で、利益は唯一の基準である。北の地域の商人は商売をするとき、考えなければならないことはまだ人情関係や地位の差のようなものがある。それに対して、上海では、お金をもうければ一面識もない人たちはすぐ仲間になれる。

（3）上海の人と商談するとき、利潤のみ関心を寄せる。商談の過程中、上海の人にとって相手の身分や背景は重要ではない。ある名人の息子だって親戚だってということは上海の人が気になることではない。交渉するとき、風采とイメージを重んずる。上海の人はいつも身なりがさっぱりしている。身なりを人を判断する標準とする。上海の人と商談をするとき、服装と行動を重視することは相手を尊重する態度の表れだけでなく、自身の素養も現れる。

（4）商売上、上海の人は利益がないことを絶対やらない。双方は互いに面識がないにもかかわらず、協力できればやれる。商談がまとまれば、あるいはまた協力する気配があれば、双方は続いて付き合っていくかもしれない。もし利益がなければ、商売をできたとたん一切の関係も終えるところになる。

五、感情を抑え、正義感をより少なくする

商売をするには社交が必要で、商売活動の一部分である。商売をするとき利益だけ重視するように、上海の人は人と付き合う過程中功利主義の色が濃く、感情を強めるという伝統的な目的がないようである。社交の目的の功利性に合わせて、上海の人の社交は短期性、局部性、浅薄性の特色がある。利益の短期性に加えて、流動人口が多いので、上海の人は短い期間に社交対象と関係を維持することが好きである。人と人が付き合う程度が浅く、北の人のように互いに知り尽くしていない。友人のためならどんな苦しい目にあっ

てもかまわないという義理堅い上海の人は少ない。

　よその土地から来た人、特に北の人たちから見れば、上海の人は義理堅いのではない。上海の人との付き合いは浅く、とりわけ商売をするとき、彼らの功利主義の傾向がいつも明らかである。感情に左右しやすくないので、上海の人は「礼には礼をもって返す」という付き合う原則を極端に発展させた。贈与してもらえば必ず等しく返礼してあげるという等価で交換する原則を守っている。それは三つの基本原則で現れる。

　(1) 功労がないのに禄を受けることをしない。
　(2) 義理を欠けば必ず返済する、いつまでもほうっておいてはいけない。
　(3) 贈与されるものと返礼するものの価格は同じくらいにさせる。

　こういう規則は上海の人によく守られた、新年祝い、めでたいことが出るときの贈り物など、等価で交換するという原則を厳格に守られる。厳密に言えば、百年来、上海が商業都市、金融都市として発展してきて、商品意識と等価観念はすでに上海の人の心と日常生活の中に深く根ざした。したがって、上海の人と商売をするとき、奢るとしても贈り物を送るとしても、上海の人の交際原則を把握するよう注意する。

　（1）礼には礼をもって返す。礼が高すぎれば、上海の人はやりきれない。安すぎればまた全力を尽くしない。
　（2）容易に上海の人の礼を受け取るない。返礼より慎重すべきことはないから、失敗したら上海の人のパートナが腹立ちまぎれに立って去るかもしれない。六、自分の分だけの利益を取る

　上海の人はなかなか要領がいいと評価される。上海の人の聡明は日常生活に表れれば、個人利益を図る行為も含めば、個人権益と利益の擁護も含んでいる。得るべきものは、一分も譲らない。上海の人はよく細かい利益までけちけちする。そこで、上海には、野菜市場で身なりがさっぱりしている男性が何分のために八百屋と激しいつかみ合いをしている画面がよくみられる。

　上海の人から見れば、得るべき利益を手に入れてはいけない。しかし、彼らは利益の多少にかかわらない。彼らの目には、この利益を得るべきわけである。上海商人はみんな商売によく通じている。品物を見る能力もあれば道

理のよく分かった人でもある。かつ、筋の立ったことをおしとおすことに得意である。上海の人の金を容易にもうけられない。韓国のある新聞によれば、「上海の人はみんな商売の玄人だ…外国人も彼らのポケットから容易にお金を取り出せない」と。そこで、よその土地から来た人は上海の人と商売をするとき、注意点がいくつある。

　（1）相手の要求について大まかな見積もりがあり、自分の得るべき分をもうければいい。高すぎる意図がないようにしてください、そうでなければ、上海の人は絶対協力に乗らない。

　（2）上海の人と商売をするとき注意しなければならないこととは彼らから暴利をむさぼる意図がないようにしてください。

　（3）上海商人と付き合うとき用心しすぎる必要がない。道理のよく分かっている上海の人はあなたにひどい要求を提起しない。上海の人は得るべきものだけほしく、分不相応な考えが少ないわけである。

七、辛抱を要る

　上海の人は商業伝統の薫陶を受けて、だんだん聡明になってきた。実に、中国の南方人（江蘇、浙江の商人）の聡明もすべての人に褒め称えられる。しかし、ある地域の人たち全体の心理素質として上海の人全体はきわめて機転が利くと評判される。こういう特徴はすでに上海の人の人格構成部分になった。これは商売をするときだけ機転が利くほかの土地の人と違う。だから、上海の人の聡明は実質の聡明だといっても過言ではない。

　聡明すぎるがゆえに、上海の人と協力しにくい。上海商人はみんな慎んで商売をする。何をしても細かいことまで洞察できる。商業上の交渉を行う前に、彼らはいつも予め相場、相手の状況を調べておく。商談は多く彼がみっちり準備してあと行われたのである。上海の人と商売をするとき、よく細かい問題について争論を起こす。いつも尾を引いて、彼らと商売をするのはとても疲れた感じをさせる。したがって、上海の人と商売をするときたっぷり辛抱が必要である。辛抱強く商談をまとめて契約をサインするまで堅持していけば、上海の人は必ず契約どおり全面的に執行できる。したがって、彼ら

と商売をするとき、辛抱強くなるのは必要性である一方、その効き目も明らかである。

八、商業道徳と法律を守る

　上海はわれ国においてもっとも法制観念が強い都市である。解放後、特に「文革」の間、ほかの地方では騒動をたくさん起こしたが、当時の上海は人口が一番多く工業が一番発達したところとして、終始穏やかに発展してきた。これは計画経済の下においても強大な経済実力を持てたわけである。計画経済を行うには秩序と安定が必要である。

　昔の上海でも強引な手段で市場を牛耳るやつは少なかった。当時の商人の中には移民が多くて、帝国の高圧的な支配の下においたからである。みんなよその土地から来たもので、頼られる伝統勢力もなかった以上、自分の腕前で暮らすしかない。みんな同じくらい規則を守らなければならなかった。したがって、上海商人は割りに商業道徳と法律規則を守る。

　その調子でいったら、上海の人はだんだん合理化、平等と規範を追求する考え方を形成した。こういう観念のおかげで、上海市を極めて理性に富む都市にさせた。規則と制度を定めることに熱中するのは上海市の管理方法の特徴である。何か新しい事情ができたら、上海の人はすぐ管理規則を定めるきらいがある。市民もたいてい管理を服従できる。

　法律を守り、秩序を服従することはすでに上海の人の基本的な観念になった。上海の人のこういう特色の基づいて、彼らと商売をするとき必ず法律を守る。上海の人は違法的な商売をやらない。絶対ないと言えないけど、少なくとも多数の上海の人の通念であると言える。改革開放されたばかりの時期に、沿海地方では密貿易が盛んになり、闇市も荒れ狂うところであったが、それに参加した上海の人は少なかった。北の地方のある商人からみれば、違法しなければ大きな金をもうけられないのはすでに彼らの商売をする秘訣になった。偽者を生産したり、脱税を図ったりすることは頻繁に発生する。しかし、こういうことをやる上海の人の人数が少ない。

　この角度からいうと、上海の人は商売場の「君子」である。こそどろをし

なくて、「エッジボール」さえもしない。したがって、上海の人と商売をするとき、法律を守り、規則どおりにすべきである。そうしなければ、彼らの信任と協力を失うかもしれない。

九、契約を結ぶことに注意

　上海の人は非常に理知で、何をやっても道理があり、証拠がある。これも商業伝統の薫陶を受けたからである。商業社会には、商業を異常なく発展させるために、商売に参与する人々は共同に守る規範を制定しなければならない。時間の推移と頻繁になる交易とともにこういう規範はますます人間に認められる。

　上海が現代商業の歴史が長い。とくに西洋の数百年の商業伝統の影響を受けて、上海の人はすべてのことに公平合理を追求する心理を形成した。そこで、彼らは契約をより重視している。商売をするとき、上海の人は契約を非常に重視する。これは彼らの強い法制観念と長期にわたる西洋人と付き合ってきた経験から由来した伝統である。上海の人と商売をするとき、契約を結ぶには下記のことに注意するほうがいい。

　(1) 契約意識を強める。契約は双方が協力する法律根拠であるから、欠けてはいけない。

　(2) 契約の内容は必ず全面的で精確に述べられる。特に双方の責任と義務についてはっきりした説明がある。

　(3) 契約を結ぶ前に、出てくる可能性がある意外のことに対してできるだけ考えて、対策を制定しておく。

　(4) 契約の内容は必ず国家や地方（協力双方の所在地）の相関の法律と法規に合わせる。予測できる主観、客観原因で契約を履行されなくなる状況を許しない。

　(5) 契約を履行しなければならない。

　上海の人はいつも規則を守る。契約を結んだ以上、不可抗力さえなければ、彼らは普通厳格に契約どおりし、決して曖昧しない。もし契約どおりにできれば、上海の人との協力もきっと順調に進んでいく。

十、上海の人は大きな危険を冒さない

　上海の人の聡明はすべての人に褒め称えられる。機転が利くというのは何百年の商業社会が上海の人に影響を及ぼした現れ、一種の生存素質である。すなわち、上海の人は各場合の元に、どの行為をしても、最小の投入で最大の利益を得られるように、なるべく最大限に個人の能力を発揮する。一般的に言えば、聡明な上海の人は大きな危険を冒したくない。北の地方の人が場当たり的に仕事をする態度と違って、上海の人はいつも何もかも考えをまとめたあとやり始める。上海の人は商売をするとき妥当を求める。むしろやらないより危険を冒したくない。上海の人と協力して商売をするとき、前もって下記のことを注意しなければならない。

　(1) 出てくる可能性がある事情を考えておいて、各種の結果について事前に精確な判断を下す。リスクがあることは上海の人と協力しないほうがいい。

　(2) 彼らに幻の感じや危険な印象を残さないでください。得るべきものは手に入れなければならないと信じている上海の人にとって、幻の利益は吸引力がない。北の地方の商人は「今度商談がまとまったら、これから協力し続けていこう、みんな友達ですから」などとよく言う。こういう話は上海の人にぜんぜん吸引力がない。

　(3) 商売をするとき、一定のリスクの危険があれば、必ず事前にはっきりと話す。そうしなければ、上海の人はリスクを意識すれば途中に本金を撤するかもしれない。

　(4) 優勢を利用し、商機をつかみ、上海でベンチャーキャンピタル市場を開拓する。

十一、新たな「買弁」を利用する

　買弁とは、旧上海で外国商人は経営管理に従事する新式商人として雇った中国人である。昔の中国の大上海は、独特な歴史と地理の背景があるがゆえに、世界各国からの商人が雲集したところ、にぎやかな繁華都市になった。

外国人は上海で立脚しようとするなら、土地の人に頼らなければならない。こういう頼りになる人たちは「買弁」である。彼らは非常に機転が利き、商売によく通じているため、外国人と国人の間に仲介をした。主に商品の供給源を組織して輸出したり、次の番の買い手を探して舶来品を売りさばいたりした。進出口の業務をした中、自分が給料をもらえるほか、手数料と配当の利益もあった。年給何万両の銀を稼げる人さえもいた。

　昔の旧上海には、買弁は上流の中国人の格好で、当時の上流社会に身を置いた。統計によると、旧上海が通商港を開けてから１９４９年まで、上海の買弁の数は一万を超えた。昔の中国、買弁の中には機転が利く人がかなりある。当時の上海、商業界のエリートは、大半買弁からやり始め、一歩ずつ成功の道に歩んだのである。

　ところが、世の中は変転極まりない。解放後、もっとも避けねばならないのは海外関係についての話である。「買弁ブルジョアジー」のレッテルはたくさんの人にさんざんひどい目に合わせた。上海の人は「買弁」の話だけで顔色が変わるまで恐れ、みんな外国人となるべく距離を置くように努力して。改革開放されたあと、歴史はみんなに冗談を言ったように、それらの海外関係を持っていた人たちは非常に歓迎されたようになってきた。

　改革開放後、上海特有の投資環境はホンコン、台湾、アメリカ、イギリスの商人を引き付けてきた。新たな歴史背景の下に、外国商人はまた来て、上海の買弁族も機運に応じて出始めた。外国の投資者は上海で合資企業を開けたあと、中国側と会議を開くことと一年中工場へ数回の検査を措いて、、彼らが中国に滞在する時間は長くはない。頭がいい外国商人はいつも信頼できる親戚や友達を物色して中国市場の代理にさせる。こういう代理人は外国商人だけに責任を持って、すべての報酬も彼らが支払う。これは今の買弁である。

　たとえば、楊さんはもともと上海のある大学の課長であった。ホンコン商人の高さんに雇われたあと、課長を辞めて、教学研究室へ教員になった。大学の教師は毎日時間どおりに出勤退勤しないので、彼がホンコン商人の商事を取り扱う時間もある。ホンコン商人高さんは上海で一軒の服装工場を設立

した。高さんは製品の輸出業務を連絡する。楊なにがしの責任とは、毎月工場へ生産状況を見に行ったり、当月の資金帳簿を調べたりすることである。問題を見つかったら、如実に高さんに報告する。そのほか、高さんがホンコンから注文リストが工場に下さったあと、彼は工場へ製品の質量を検査を行う。箱詰めにするまでに、できるだけ製品を逐次に検査する。そうすると、製品をホンコンに運送されたあと、高さんはもう一度検品をせずに、シッピングマークだけを変えればお客に運送できる。

　目下、上海で買弁に従事する人数はもう少なくない。方式もそれぞれ違う。上海で交易会を開かれるとき、場内にひっきりなしに往来する多くの人は新買弁である。彼らはすべて外国会社の代表証をかけている。話を掛けたら、本場の上海の人であることをわかってきた。商売の話をしたら、それらの買弁は外国商人の聡明よりちっとも劣らない。

　上海の新買弁の生まれは改革開放の必然的な結果であるといえる。新買弁の中には旧買弁のように商業界のエリートが現れるかどうかとしたら、時間で試すしかない。ところで、何をともあれ、「買弁」の経験は上海の人の人格形成に深く印を焼き付けた。西洋化、聡明、開拓精神と契約観念、いずれも買弁とかかわる。したがって、上海の人、特に上海商人を分かろうとすると、まず買弁を認識することは欠けない。

十二、先物取引を行う

　半世紀前、上海は「極東ウォール街」として世界で好評である。上海の人にとっては株券、先物というものは早くも今まで見たことのない言葉ではなくなった。改革開放後、上海の人は魚が水を得たように、金融に熱中する人群れはいよいよ巨大になってきた。１９９８年の株券ブームに続いて、先物は上海では万人の注目する財産を作られる目安になった。先物交易所は次から次へと開けられ、先物ブローカーが続けざまに開業した。その中、開けたばかりの上海化学工業交易所は魅力に富んだ広告を推しだした。

「先物取引を試みてみようか」
「化学工業交易所は手を振ってあなたを待っていますよ！」

上海化学工業交易所は主に各種の化学工業製品を交易する。交易額は最初の一日あたり５００万元から一日１億元まで飛躍的に発展してきた。交易がますます活発になって、出来高がうなぎ登りに上昇した。上海最大の商品先物交易所は一軒の金属交易所である。開業際、ちょうど投資の高揚期と原材料の値上がりに当たって、日出来高は億円以上から十何億円まで飛躍した。上海では、ほかの交易所、たとえば、石油交易所、石炭交易所、穀物交易所、農業物資交易所など数え切れないほど多い。上海の先物取引市場は非常な速さで発展してきて、上海の先物交易所の取引高は全国地方市場の標準になった。先物取引市場のリーディングカンパニーを通して、自分の中心地位を維持できた。

　現在、上海は商品の先物取引を取り扱うだけでなく、金融の先物取引もやり始めた。これは先物の中の高いレベルである。今、上海では、外貨先物取引が現れ、国債先物取引が舞台に登場し、株価指数先物取引も出始めた。上海は金融先物取引上全国の先端に立っていた。先物取引市場と株式市場のリスクについて同列に論ずるわけにはいけない。先物取引に熱中することを通して、上海の人もいっそう大胆になった。株券と先物のおかげで、上海の人の金融意識が目覚めた。金融に熱心する人群れがますます大きくなった。上海商人は言うまでもなく、上海庶民たちも金融意識が相当に強い。

　したがって、上海の人と商売するには金融領域の協力は成功性が一番高い。今にして言えば、先物取引は比較的に大きな商機である。上海の人と商売をするなら、先物取引上策略をめぐらせば成功できる。そのほか、上海の人とどんな商売をしても、各種の金融工具の使い方を把握しなければならない。たとえば、小切手、為替手形、各種の引受手形、さまざまなクレジットカード等々。特に上海の人と先物取引をするとき必ず上手に使うべきである。

十三、早く自分の立場をはっきりと述べる

　上海の人のうぬぼれはみんな知っている。上海の人の自負は全国一の地位から由来したものである。「３６元万歳」の時代では、上海は全国の工業発展に偉大な貢献をした。人口が一番多く、収入が一番高かった。そんなに金

持ちではなかったけどそのとき貨幣価値が下がらなかったので、上海の人は給料が高く、金持ちであると全国の人に認められた。彼らもそれを誇りにした。

　そこで、新年や節句のたびに上海の人はいつも大なり小なり包みを下げながら帰郷する。衣料品、食品、おもちゃ、何でもある。同郷人に手分けして、子供たちが喜んだ「おじいさん、おじさん、おばさん」の叫び声を聞きながら、彼らの感じもすっかりよくなる。こういう良好の感覚のせいで、上海の人はますますよその土地の人を軽蔑してきた。

　上海では、外来の人を上海の人に「田舎者」と呼ばれた。彼らから見れば、上海の人はと都市っ子としてよそ者を軽視するのも当たり前ようである。そこで、上海ではなめらかに上海のなまりを話せることは当時の租界から領事免除権をもらうことに等しい。今日のゴールドカードのように、より多くのサービスを得られる。これで上海の人としての身分は上海の人の誇りになって、みんな上海を離れたくない。こういう現象はまた「上海のフェチ」とも言う。

　そのため、上海の中学生は大分本市の高校を選んで、職業学校も上海市の戸籍を保てるため非常に受けている。上海の人の自負は自信を基礎にしているものである。改革開放後、上海はいっそうすさまじく発展してきた。強固たる工業技術の基礎、全国最高な人口素質と伝統的な工商金融文化意識があるがゆえ、上海は中国の「東方明珠」になった。

　商売上、過度の自信から自負になった上海の人は自分の提案を深く信じ、それはきっと論理的で、しかも自然に順応すると思っている。みんな賛成すべきだと信じて、少しも譲歩したくない。そのため、ある深圳から来た若い社長は文句を言った。「ほかの地方では、相手は私が商売をしに来たことを分かっていて、みんな熱心だ。ところが、上海では、私が乞食をしに来たようで、みんな尊大ぶって、こっちからお辞儀をしながら乞い求めることを待っているみたい。それに、商売をするたびに上海の人は決まって懸命にけちけちする。こっちが利益がなくなるまでせんさくしようとする。こういう商売は誰かしたがるか。」と。ほかの地方と協力中、進んでいる技術と完備な

部類を鼻にかけ、自力更生できると信じながら、何もかも人に頼まずに済む。あるいは、あなたが俺にものを頼みに来ることを待っている。よその地方の人に対しての傲慢な態度は何とか納得できるようでありながら、外国人に対してのうぬぼれはちょっと理解しにくい。

　１９８５年、あるアメリカの会社は上海と２年にわたる苦難に満ちた交渉をした。最後、とうとう上海をあきらめた。スニーカーを生産する工場を広州に移した。アメリカ人は生まれながら優越感があるけど、上海の人の自負前に負けざるを得ない。某国のある商人は「上海の人は中国人が外国人と付き合う過程中表れてきた「中央大国」のうぬぼれもあれば、傲慢な心理もある。すなわち、彼らは外国投資者を要らないと思っている」と言った。上海の人のうぬぼれは地方の人が彼らに対しての反感を招いてきた。商売上、地方の人も上海の人と協力したくない。上海の人のこういう特徴に合わせて、自負な上海の人と商談をするとき、下記のことをやるべきである。

　（１）彼らがオファーする前に予め適当な調査をする。合理なら話し合いをする。オファーがいい加減でしたら早くあきらめるほうがいい。

　（２）交渉するとき、まず自己側の陳述をはっきりと述べる。陳述中、双方の争論焦点になる問題についてできるだけ客観的に分析しておいて、相手に対して真心をこめた理解を表れるほうがいい。相手に受け入れやすい方式で自己側の立場を述べるように注意する。

　（３）以上のことは、速やかに解決すべき。聡明で機転が利く上海の人は商談をする前にしっかり覚悟をした。もし彼らに先を争ってオファーされたら、融通が利かせる余地もなくなるかもしれない。

十四、国際基準によって商売をしよう

　上海の人は国際社会に対して均衡な心理を持っている。内心には外国人を軽視したり恐れたりしない。発達した西洋に対しての了解によって、彼らは全体的に西洋にあこがれている。ところが、外国に媚へらう傾向が明らかではない。上海の人と西洋人が平等に付き合えることによって、本当に事業を成し遂げしたがる西洋人が喜んで彼らと協力する。

百年来、上海は西洋経済と文化が中国に広める根拠点として大きな役割を果たした。同時に、上海は中国が世界へ向かって進む窓口でもある。東西文化が融合するところという特殊な位置は上海の人に深く影響を与えた。上海の人を深く西洋文化を受け入れさせた。「上海の人の格好はなんてきざなんだ」という印象を人々に残した。書き言葉で言えば、上海の人は外国人によく似ていて、受け入れた西洋文化も本場である。中国のたくさんの地方人は西洋がずいぶんはるかなところだと思っていると違って、上海の人はとうに西洋文化を理解したり適応したりした。それに自分の文化に西洋文化の要素を吸収した。

多くの場合、上海の人は外国人を普通の人とみなし、彼らが異なる肌の色があることに異常な気がしない。北のほうの人たちは外国人を総称して「外国人」という。上海の人は外国人の国籍さえ知れば、きっとアメリカ人、イギリス人、ドイツ人などとそれぞれ呼んでいる。まさに北の地方人たちはおおまかに福建商人を「南方の人」ではなく、福建の人と呼んでいるように。上海の人と西洋人の心理距離がより近い。それがゆえに、上海の路地でたくさん外国人が住んでいる。彼らはすでに上海の一部分になり、近所付き合いもうまくできる。

観念上、上海の人の実用主義、合理化傾向、契約意識、法制観念と機転が利く性格がいずれも西洋人の典型的な心理特徴である。中国伝統的な義理、人脈と論理を重んじる性格、等級観念などとの違いは甚だしい。上海の人の観念は西洋人のと同じではないけど、差が大きくない。中国の伝統観念より近い。今、どの階層としても、上海の人の行為は至る所西洋化の傾向が現れている。

（1）上海の人は子女に対して一番の期待とは留学できることである。彼らは終始「国を出るブーム」をリーダしている。

（2）上海の人の婚姻観念も外国向けのである。西洋化によって、上海の人に「洋婚姻」を期待させる。洋婚姻のおかげでまた西洋化を促した。

（3）西洋化した上海の人は外国語に対しての欲求が強い。上海の人の高いレベルの外国語は全国においても珍しい。大通りにも路地にも路上で外国

人と上手に話せる場合は珍しいではない。

　上海の人の心には、英語はすでに生計を立てる基本的な手立てになる。上海の人が仕事を探すとき「外国語、コンピューター、運転技術」という三つの基本工具がある。同じくらい暮らし方、容易に交流できる言語によって、西洋人に上海を「第二の故郷」と見なさせる。彼らは上海の人と喜んで付き合いたがる。

　中国のたくさんの地方には、人たちは西洋人に対しての態度がよく極端に走る。外国人を神様と見なして尊敬して仕様がなく、なんでも服従するか、疫病神を避けるように騙されることを用心するか、これは外国人と協力しにくいわけである。開放な新時期に数多くの商機を掴みそこなった。それに対して、上海の人は外国人と平等に付き合えることによって、彼らに上海の人と商売をするのは事業を成就できると自然に感じさせる。

　上海の人は西洋化の傾向が比較的に深刻であるため、商売をするときも彼らが西洋方式を採用し、国際基準によって企業の運営を行い、会社の管理をする。商売をするときの協力方式もほとんど国際社会に通用している方式である。したがって、上海の人と順調に商売をするには下記のことを注意すべきである。

（1）協力規範はできるだけ国際基準にあわせる。
（2）西洋通用な方式を採用する。
（3）商品の交換と流通は西洋方式で進める。
（4）契約の履行と違反について国際通例に照らして取り扱う。

第二章　広東の金銭と天津の信用

第一節　広東商人の金銭第一主義

　広東商人と商売をするなら、お金を除けば、すべてのものは無駄である。広東の人から見れば、お金があれば地位も面子も得られる。彼らが知識も能力もあり、仕事が著しい成果を収める人に与える面子とはお金だけである。広東では、みんな生計、お金を稼ぐことのため忙しくてたまらない。お金のためなら、彼らは何でも放棄できる。広東商人はいつも一番彼らの実力を見せる姿であなたと接触する。彼の衣服はきっとブランド品で、かばんは必ずすごく高いパスワードボックスで、腕時計も世界ブランド品であるに違いない。広東の人は勇敢にぶちあたることができ、商売場、特に他人の力を借りて自分の目的を果たすことに得意である。広東の人は非常に迷信的で、とりわけ商売人は甚だしい。

一、商売するなら、広東へ行かねばならぬ

　昔、広東は「沼沢と瘴気が瀰漫したところ」と呼ばれた。亜熱帯に位置し、気候が高温多湿で、南のほうはよく台風に襲われる。広東の地勢はそんなに険しくないけど、ところどころ丘で、門を出たら山である。しかも至る所森林で瘴気が広がっている。人類の生存にとって、こういう環境はさすがに悪

第二章　広東の金銭と天津の信用

辣極まらない。中原地域の肥沃な土地、うす甘い飲用水などの条件と差が大きい。そこで、古代の越人にとってもっとも重要な任務とは頑強に生きていく腕前を学ぶことである。それに反して、彼らが文化に対しての要求もより少ない。昔から今まで、広東の人は人生に実利主義を抱えてきた。

　地理上、東西に横たわる嶺南山脈によって広東省を自然に一つ一つ独立な部分に分けさせた。これは中原文化と嶺南文化の交流を妨げてきた。秦、漢、宋、元の時期に漢族の人がたくさん移したにもかかわらず、こういう文化は湖南省、江蘇省、浙江省を経て「南方化」されたあと広東まで到達した。そういう文化は早くも正統の文化ではなかった。そこで、広東の人は実利主義を抱え、儒教の思想、中庸の観念に欠けている。

　南方の女性は聡明で能力があり、精密に計算することに上手である。家事、野良仕事は全部女人が担われながら、男性は外で商売をしてお金を稼ぐことに志す。広東では、「女性は天の半分を支える」という語句は絶対空洞なスローガンではなく、生き生きとした事実である。南方では、普通の農民たちの夫妻関係さえだけ北のほうの亭主主義に対しての挑戦になれる。

　広東が相対に独立で、山を背にしながら海に面している位置によって広東の人は開放的で自由な伝統を形成した。海辺の者は水を頼りに暮らしを立てるから、彼らは冒険精神に富んでいる。しかも中原文化を離れ、文化もかなり遅れている。彼らは科挙に合格することで出世する気持ちはなく、今までも広東の人は政治に興味が持っていない。それに反して、発達した稲作農業のほか、便利な海運と水路による運輸、豊かな海産品と亜熱帯の果物、いずれも彼らが商業活動にたずさわるために極めていい条件を提供した。

　西漢の広州はすでに中国南方の真珠や宝石、サイの角、果物、布の集散地になった。宋の時代、広州は「世界各地の商人の往来がひっきりなしに続いている」という名高い貿易港であった。明の時代、広東では「十三行」を設立された。清になっては、ここはさらに中国が唯一の外国に向ける通商地になった。

　こういう商業伝統の影響で、海に出て外国人と商売をできたときから、広東の農民の商業活動は中断したことがない。この角度からいえば、今の広東

の人はみんな商人の後代であるといえる。広東の人は海を出られて、南洋諸地域と行き来もだんだん密接になってきた。南洋には広東籍の華僑がたくさんいる。広東は中国の南の門に位置しているから、外来文化の影響を受け入れやすい。古代では、東南アジアの文化は広東に深く影響を与えた。近代に入ってから、西洋文化も広東で広め始めた。仏教が伝来したあと、慧能禅師が禅宗の南派を創立られ、世界と中国仏教史において空前的な変革を遂げられた。これは広東で大きな影響を及ぼした。近代史上頻繁的な海外貿易と華僑の行き来によって、西洋の先進的な経営方式、生活様式、建築製造、工芸美術など真っ先に広東に伝わってきて、封建社会の濃い霧に包まれても広東の人が完全に封鎖されなく、しかも西洋文化の輝かしさを見られる。そのため、広東が西洋の近代民主主義の揺籃の地になった。

開放的に商売をする伝統によって、広東の人は開放的な性格の持ち主になって、新しい事物を受け入れやすく、商品意識が濃い。ほかの地方と比べて、彼らがほとんど排外しないで、いつも商人の眼力と方式でお客を熱情を込めて歓迎する。ところが、高くない文化素質のせいで、彼らは長期目標が欠ける。生活が裕福になったらすぐ自慢になってしまった。彼らは中国の伝統国粋に崇拝できない、西洋宗教に全然分からないことに加えて、思想が相当に空白である。その故、彼らは面相、地相、運命などから落ち着き先を求め、運命に迷信する性格をなした。一般論として下記のように広東の人の性格をまとめられる。

（1）開拓。広東の人の祖先は故郷を離れて国家の辺境を開発した。荒れはてた山々に根ざしようとしたら開拓せざるをえなかった。そのゆえ、広東の人は開拓精神に満ちている。

（2）融通を利かす。昔、広東は瘴気が瀰漫し、戦争で世が乱れていたところでもあったため、広東の人の祖先はウサギのような融通が利く性格を形成した。

（3）人柄がまじめである。広東の人の祖先は生存の重要性と苦難をよく分かったので、まじめな人柄を形成した。

（4）政治離れ、争いを嫌がる。戦争の苦しみをいやというほど受けて、や

っと辺鄙な地に到着したので、広東の人は平和的で安定的な社会環境を営造することに努めてきた。月日のたつうちに、彼らの性格はだんだん穏やかになった。広東文化は政治文化の要素がなく、実用的な農耕文化、大衆文化、市民文化と経済文化である。

(5) 開放。外国と長期の交流歴史があるため、異なる民族の融合とおおらかな視野のおかげで、広東の人はだんだん開放的な素質を備えた。

それゆえに、商人の後代として広東の人は生まれながら商品意識が備わる。先人が商売をする伝統を継承した。今の広東の人は、ものを言えば必ず商売の話で、言うことはすべて商売についてのである。商人であるかどうか見分けにくいほどみんな商売人のようである。そこで、本当に商売するなら広東の人と接触しなければならない。上手に商売をする人は広東へ行かなければならない。

二、利益の付き合い、情けなんか言うな

広東の人から見れば、どんなことをやってもお金を稼ぐのは唯一の目的である。お金があれば、地位も面子もすべてある。中国人の伝統観念の中に、金はよくないものである。「地獄の沙汰も金次第」「君子は利益の話をしない」というのは金銭を酷評する諺である。金銭が生まれたときから血まみれようである。だから、高尚の人はお金の話をしたくない。でなければ、体面を傷つけるし、節を守らないことと同様である。北の地方の人は報酬を話し合うとき依然として恥ずかしく感じている。「報酬はいいから、うまくことをやれたら、何もかもたいしたことではない」と。いつもお金を付属品にして、儲かるかどうか問題にならない。

ところが、広東の人から見ると、どんなことをしても儲かるのためである。儲からなければやりがいがあるかって彼らの金銭観念が非常に強い。生きる目的もはっきりしていて、それはお金を稼ぐことだけである。単純な目的を持っているため、広東の人は行動するとき、盲目と動揺が少なく、原動力と根気が多くなった。どんな金を儲けてもはばからない。外国、中国、ほかの省、当地、山の中、水の中、とにかくお金を儲ければどんなことをやっても

平気である。本当に「型にとらわれずにお金を儲ける」ものである。自然に、広東の人の中、金持ちもたくさん現れれば、お金のために破れかぶれになった悪者も現れた。

　改革開放以来、広東の人は金持ちになった。彼が異なる観念で成功した。ある記者が広東の企業へ取材しに行った。北の地方の企業と比べて、ここの企業の仕事のやり方はずいぶん違っている。まず、経験を紹介することに下手である。社長らが経験を紹介するとき滔々と論じたてられる人が少ない。宣伝の準備がない。次に、秘密を保つ観念が強い。企業の経営業績を表れる数字はしばしば記者に告げない。同業者に知られたら競争に不利であることに心配するからである。企業のある経済ノルマは全国の前列に立ったのに、どうしても他人に知りたくない。最後に、自発的に商売を乗りだす人に対しての熱心は取材しに来た記者より高い。記者が取材し終わったあと、贈り物を贈ってもらうことがほとんどない。食事を奢ってもらっても、簡単に済ませる場合がよくある。

　お金を儲けるために、広東の人はじっくりと働き、哲学や人生の空論をする暇と気持ちがない。人と人の間には利益があってからの付き合いである。でなければ、時間をつぶすことと同然である。商売をして金を稼ぐのはもっとも重要である。多くの北の地方の人にとって、広東の人は俗っぽくてたまらない。お金の話をしたらきりがない。お金を措いて何も残らない。ところが、広東の人はお金がなければ生きることさえもできないと信じている。したがって、広東の人と商売をするとき、お金を除いて、すべてのものは無意味である。お金を儲けることは唯一の目的で、情けや義理を空論する必要はない。だから、彼らと商売をするとき、下記のことを注意すべきである。

　(1) 恐れずにお金を話し合ったり、値段を掛け合ったりする。でなければ、広東の人にあなたは商売人ではないと思われるかもしれない。

　(2) 哲学とか人生とか空論しないで、ひたすら商売をする。

　(3) 人情付き合いを考えないで、利益だけで友達ができる。

三、政治の話はご遠慮

　商売をするとき、広東の人は一番重視するのはお金である。彼らから見れば、お金があれば富もあり、自分のさまざまな要求に満たせることを意味合いできる。中国の伝統社会では、権力で他人といろいろな資源を支配できる。ところが、広東の人が政治中心を遠く離れていて、政治は彼らに与えた影響はとても弱い。政治を通して支配地位を得られる人が少ないので、広東の人はいっそのこと政治を無視し、政治離れも伝統になった。

　広東では、企業側は従業員を考査するとき、政治に関心を寄せるかどうか重点ではなく、仕事の効率、数量、質というのは基準である。社長、工場長から臨時工まで、広東では政治で通らないことをみんなよく分かっている。企業が発展できたら自分が飯の食い損ないもない。従業員にあげる報酬も、物質的な奨励を主として、ホワイトカラーもブルーカラーも物質的な報酬だけ認める。

　実に、広東の人は金銭で人の地位、貢献を判断することは非難すべきところではないが、これは権勢標準よりはるかに公平であると思う人もいる。金銭は富の象徴で、お金を儲けられる人は能力もあると認められる。もしやることが社会に認められれば、社会に貢献をすると意味合いする。

　人間の自我価値は金銭の数量ではかられる。広東の人はまさにこういうふうにお金を理解するため、政治を遠く離れるわけである。広東の人からみれば、お金があれば地位も面子もすべて得られる。彼らが知識も能力もあり、仕事が著しい成果を収める人に与える面子とは「官職」ではなく、お金だけである。珠海では貢献がある技術員を大金で奨励する壮挙ができ、「人材東南に向かって飛んでいく」という場面ができた。

　広東の人はセンセーションを巻き起こす秘訣を分かった。奨励をすれば並外れていること、人にほしくてたまらなくなるほどやる。豪華なアウディブランド車、広い住居等々、広東の人は金銭で全国の人に市場経済は知識を排斥どころか、知識は力だけでなく、お金でもあると広報した。

　珠海は大金で技術員を奨励する情報を広められるや、異なる地方の人は異

なる評価をした。これで人々の利益観念についての見方を反映できる。その情報を広められたあと、北の地方から珠海に送った手紙は急増した。「大金の意義はお金になく、知識と人材を尊重する社会環境が形成しているところだ」と賛嘆する人がいる。「奨励されたのは私ではないけど、受賞した人と同様に楽しくなり、知識人の価値体現を見たからだ」と感慨をした人もいる。こういう評価は道徳においての評価でもある。

広東の人の反応は北の地方ほど強くなかった。珠海が受け取った手紙の中当地からのはほとんどなかった。広東のような沿海地域からのも珍しかった。媒体は「これは近年に出た一つの社会現象を説明できる。いくらかの改革措置は当地でありふれたことなのに、外に大騒ぎを起こすかもしれない。そのわけがみんながおおいに考えるに値する」と評価された。

実に、この事件に対して、さまざまな反応によって、われわれは異なる地方の人の考え方の違いが見られる。広東の人から見れば、働く目的はお金を儲けることにある。多くやればやるほど多く得られるべきである。そんなに貢献をしたので奨金をもらうのは当たり前である。「感性の評価を控え目にして、理性の思考をより多く下さるべきだ」と彼らの見方である。

内情を知っている人は一筆の賃借を計算した。奨金は受賞者がクリエートした税引き後利益の４％－６％だけを占め、９４％－９６％は国家と企業に得られた。こういう角度から言うと、奨金というより、合理的な報酬だというべきである。ある珠海人は「これから大金の奨励はニュースにならないようにしてほしい」と言った。この事件に対しての評価から、広東の人が理性、実利を重視する典型的な傾向を見せた。

広東の人は地道にお金を儲ける。甘い汁を吸った同時に、人々の心に広東の人のイメージもだんだん気高くなった。広東の人は自分が歩んだ道にかたく信じていて、黙々と全国へ、世界へ商売を広めた。腰に一万貫の金をまとう広東の人は政治に対して相変わらず興味がない。彼らは政治がかなりむなしく、無味乾燥だとはっきり認めた。秘策を戦わせて互いに争うより、地道にお金を儲けるほうがまじめで実際である。広東では、ある冗談が流行ったことがある。某学生が学校でまじめに勉強しない。彼の母は「真剣に勉強し

なければ、これから役員にさせるよ」と脅かした。これでも分かるように、役人になるのは広東の人の心の中の地位を分かる。

　当然、利益を追求することを第一位の目的とする広東の人はひたすら利益だけに興味が持っていて、他人の言うことを聞かないというわけではない。党と政府機関の役員のように政治に関心を寄せる人もいる。先物取引をしたり、株券の思惑売買をしたりする政治に関心を持つ商売人もいる。政治に関心を持たなければならないわけである。彼らが政治に対しての関心はまったく金銭に対しての関心から由来したものである。こういう「政治観念」があるがゆえに、広東商人は政治にできるだけ遠く離れる。一部の人は政治の話さえもしたくない。だから、広東の人と商売をするとき、下記の注意点を覚えておくほうがいい。

　（1）広東の人と話すとき、政治の話をするのは彼らの趣味を軽視するのと同然で、商談の座がしらけるかもしれない。

　（2）政治話をすると反感を招くかもしれない。広東の商売人に政治背景があるかと疑われ、あなたと協力したくない。

　（3）政治話を避けて、できるだけお金について語りなさい。

四、新しくてリスクに富んだ協力を盛んにしよう

　東北地方の人がけんかをするとき大胆であるが、商売をする勇気がない。広東の人はちょうど彼らと完全に相反する性格を持っていると言った人がいる。こういう見方は完全に正確だといえないけど、広東の人は知恵を闘わすことにおいて恐れずにリスクを冒せる。

　歴史においては、広東の人は開拓精神に富んでいる。近代になっては、西洋学と関係があるすべての物事は、ほとんど広東の人が一番最初に試みたのである。中原に遠く離れて伝統文化の影響が薄いので、外来文化に対しての「免疫力」も相当に弱いである。嵐のような近代史上においては、広東は「思想家の揺籃」と呼ばれてきた。人類に貢献する精神の持ち主は新しい中華民族精神を構築するために、西洋思想を受け入れる観念を真っ先に持ち出した。その中、康梁維新が中華を震動させた。広東の人康有為は維新思想の集大成

者である。彼の思想体系のうちに自然弁証法の特徴が備わる宇宙発展観、自然人間性論と大同思想を含んでいる。中国革命の先行者孫文先生も広東の人である。中華民族精神を構築するため、彼は「中国伝統、西洋精髄、自分でクリエートしよう」という主張を提出した。広東は思想家を育てることに合わせて、分かりやすい言葉で広東の人と東北人を形容したことがある。広東の人は「文」の度胸があることに対し、東北人は「武」の胆っ玉がある。

　広東商人は先に立つ勇気がある。史書によれば、早くも唐の時代に海外へ商売をした広東の人がいた。近代になっては、広東商人はさらに全国に足跡を残した。広東はわれ国の名高い帰国華僑やその家族が多い地区になった。今まで、広東の海外商人は巨大なる勢力をなした。大胆に開拓できる、融通が利かす、まじめな習性によって海外の広東の人は異国の環境に適応しやすいため、機会をねらうと、すさまじいスピードで発達できる。李嘉誠は今のホンコンにおいて一番の金持ちである。ホンコンが返還される前に、彼の資産はホンコンの政府だけ比べられる。ところが、李嘉誠が最初はただの臨時工である。成功できるコツは上手にチャンスを捕まえ、見極めをつけたら、リスクの危険も冒せることにある。

　１９６６年、中国大陸で「文化革命」が盛んにしていた。それもホンコンに悪い影響を及ぼした。しばらくの間、社会は流動的になり、経済も不景気になった。政治と経済の情勢に非常に敏感なホンコンにおいては、不動産の相場が極めて弱気で、価格は暴落し始めた。不動産屋らは待っていられないほどマンションを投売りした。李嘉誠はホンコン社会はここで崩壊するとは思わないで、すぐ回復できると信じ、さかのぼっていった。ほかの人は安値で投売りしたとき、彼は全力を尽くして買い入れた。事実がまさに彼が予測したように、ホンコン社会はごく短い間に安定するようになり、不動産の値段が暴騰した。李嘉誠は一瞬に億万の金持ちになり、ホンコン不動産屋の筆頭になった。

　改革開放以来、広東の人はすべてにわたって真っ先に立って実行できる。これはもう広東の人の精神中核になった。広東の人が金持ちになる秘訣とは「勇気」と「先」という二つの言葉にある。「勇気」、すなわち大胆で、人が

ようやれないことは俺がやれる。「先」とは先に一歩を進み、トップを争う意味合いである。広東の人の性格によると、先に進めることさえすれば意義がある。人の食べ残しを食べるのは味がなく、彼らは「头啖汤」が一番好きである。

一番最初に社会資金を利用して橋を掛けたり舗装したりした。広州から珠海にかけて五つの大きい橋をわたるために、道路使用料を払わなければならない。それは道を歩きにくい苦難史を終えた。その意義としては、資金問題を解決したばかりでなく、人間の保守的な考えの枠を突き破った。いわば、国家、政府が投資しなくても橋を掛けられ、舗装もできることを証明した。そして、広仏高速道路、広深高速道路、広州地下鉄路が続々と建てられた。

一番最初にニューヨークのウォール街４０番に位置している金融センター（ウォール街超高層ビルの最高点）で、星条旗のかわりに、中国国旗を掲げた中国企業は、広州開発会社とアメリカ速成不動産管理有限公司（華人が設立した）である。彼らはこの７０階のビルの新たな主人になった。この２４０メートルもあるビルには総面積は１０万平方メートルもある。アメリカ全国の「要害の高地」である。使用者の変更はアメリカおよび世界の注目を集め、中国人は来たと宣告するようである。

中国の知識人は何千元の給料をもらうことにたいへん興奮すると同時に、珠海はすでに「大金で技術者と科学者をご褒美する」の旗を掲げた。中国で原子爆弾を創造する人は卵を売った人より貧乏で、メスを握る人は大道床屋ほど富がないという戸惑った状態から解放した。実際行動で「科学技術は生産力である」という道理を証明した。全国中、知識と人材を重んじるブームを巻き起こし、人材も各地から再び南に向かって行った。先にたつ勇気があるので、昔、経済上「弟」としての広東の人を今日のお兄さんになった。そこで、彼らと商売をするなら、下記のことを注意すべきである。

（１）できるだけ新しい考え方に富んだ協力を展開する。広東の人は新機軸を出すことが好き、新しい商売をやりたいである。新たなだけに相手が少なく競争もそんなに激しくなく、独占利潤も儲けやすいである。こういう分野の協力は彼らの性格に合うので、成功しやすい。

（2）一旦見極めたら、リスクの危険を冒せる。商売をするにはリスクと利益が並存する。一口の商売をすれば、リスクは双方にとって同じくらいである。したがって、広東の人と商売をするとき、「虎穴に入らずんば虎児を得ず」という勇気があってから、お互い協力しやすくなるのである。

五、サービス上の競争を重視する

　製品の生産においては、広東の人は市場を重視する。サービス上、彼らが市場を開拓したり守ったりことをも重んじる。絶え間なく新しい販売方式とサービス種目を出し、すべてにわたってお客のためを考える。広東の人のこの方法は人に感心させずにはいられない。一般論として、販売においての広東商人の五つの長所をまとめてみると、下記のようになる。

　（1）ただで宅配する。部品を持ちながら自発的にメンテナンスをする。大口の商品は無料で玄関まで届け、取り付けもしてもらう。

　（2）商品を売り出したあと、品質保証を提供する。すなわち、お客様は後顧の憂いがないように品質保証期間中、修理、部品交換、返品にお応じる。

　（3）人の特殊的な需要に満たせるように、特売商品カウンター、特殊規格の商品カウンター、中青年あるいは婦人と子供に向けの商品カウンターなどを設ける。

　（4）お客に商品の品質を身にしみて感じさせるように、衣料品を買うなら合うかどうか試しに着てみられるし、化粧品は試用できるし、飲み物も飲んでみられる。

　（5）通信販売業務を拡大し、取り扱う範囲を広める。

　そのほかにも、広東では無料諮問、品切れになった商品の注文などのようなサービス種目も採用されてきた。特に指摘すべきのは、広東商人のこういうサービスは宣伝用のパンフレットに印刷されるだけでなく、実際に履行されることである。広東商人は機転が利いているのにずるいやつではなく、変転が速いのに約束を実行できる。そのため、機転が利く広東の人と商売をするなら、特に競い合うとき、商品のアフターサービスとサービスの質量を重視しなければならない。でなければ、たとえ質がよく、値段が安くても、広

東に負けるかもしれない。

六、金持ちなろうとすると、忙しくなってください

　広東の人は忙しくてたまらない。毎日東奔西走し、行きも帰りも慌しく、一分を二分に割って使いたい。広東の人は金がある。ところが、彼らは儲かったお金はまともである。広東の人は金を人生においてもっとも重要なものとする。そこで、彼らはお金のために倦まずたゆまずに働いて、全力を尽くして財産を追求する。広東の人は北の地方の人にたいへん羨ましがる。北の地方の未婚女性が一心に広東の人のお嫁にしたい。実に、広東の人は金持ちになるのは当たり前である。最初は、広東の人はみんな腰に一万貫の金をまとう金持ちというわけではない。多数の広東の人は自分の努力を通して裕福になったのである。たとえば、小商人から出世した広東の人の多数に占めている。

　広東の人は北京の人のように体面ばかり気にするが、ポケットの中にお金がなければ面子なんか絶対ないことがよく分かっている。いつも別荘、車を幻想し、酒席上大きな金をもうけられる商売ばかり話し合うこともとても不現実である。だから、広東の人はより実際を重視する。実利、小さな商売から出発し、おやつを売ったり、露店を開いたり、床屋を開いたりして、何かお金を儲けられれば何かに従事する。

　広東では、みんな忙しくてたまらない。生計やお金を稼ぐことのために忙しくて仕様がない。お金のためなら、広東の人は何もかも放棄でき、どんな目にあっても後悔はしない。一番典型的な広東の人、すなわち広州の人を例に取れば、彼らは中国人の中に一番忙しい人群れである。上海より広州はかなり小さいけど、車とオートバイの数は想像できないほどある。２４時間道路中いつも車の流れはぐんぐん進んでいるようである。夜のとばりが降りたあと、一日苦労しつづけお金をたっぷり儲かった運転手たちはやっと休みになるや、車を洗う人たちがまた汚れや疲れを恐れない「革命的な精神」を発揮するところになる。

　莉莉は広東省のある対外貿易会社の職員である　。食いはぐれのない職業

である。年ごとに二、三回国を出られるし、毎月何筆かの注文書をまとめればまた心配することはない。仕事上の関係で、彼女は数え切れない友をできた。しかい、暇に耐えられない彼女は一人のホンコン商売人を見つかって、彼の会社の広州代理人になった。三、四年が経たないうちに、莉莉は儲かった金で「五羊新城」で新しいマンションを買えられるようになった。

　広州では、文章を書くことは一部の知識人の商売になった。何年前に広州で人気になった作家たちは、多く国を出たりくら替えたりした。今まで堅持してきた人は多く余暇に新聞紙面を請け負うという「副業」をやり始めた。広州の新聞は数え切れないほどある。過半数の紙面は個人に請け負われた。週刊、旬刊、月刊、一版、二版、三版…異なる種類、異なる紙面はそれぞれ値段が違う。紙面を請け負った作家はオフィスで何通の電話をかけ、熊さん八っさんを誘うだけでいい。ゴーストライターが多ければ多いほど、請負人の暮らしももっと楽になる。一つ紙面を請け負ったら、毎月千元くらいの収入が確保できる。ある人はいっそブローカーになり、請け負った紙面を上海やほかの地方の友にまた下請けして、自分が何パーセントの控除金を取り出すことを待っているだけ。いざという緊急のときでさえなければ、こういう作家は自分でペンを取る気になれない。こういう小さな新聞や雑誌は手厚い原稿料を支払えるし、国内一流の作家のおみこしをあざさせることができるし、小新聞だって同じように勢いがいい。

　好機を逃してはならない、逃したら二度とやってこない。広東の人はとても時間を重視する。毎分を利益を転化するように彼らは東奔西走する。みんな行きも帰りも慌しい。誰かタイムマシンを発明できるように望んで、一分を二分に割って使いたい。それで、彼ら疲れているわりに、暮らしは非常に充実である。したがって、広東の人と商売をしたいなら、ぐずぐずしてはいけない。遅すぎれば、まずタイミングを逃し、商売を滞らせるかもしれない。つぎに、広東の人の性格に合わない。足並みをそろえなければ成功できない。もう一つは、あなたの行動と思考が遅くので、広東の人に主導権を握られる。そうしたら、あなたはいつも彼らのあとでついているから、損をするのも当たり前になる。

七、動作はすばしこくしよう

　市場経済の一番魅力があるところは「市場」にある。商人は市場的な臭覚が鋭いかどうか、適時に市場情報を捕まえるかどうか、市場での需要変化を洞察できるかどうか、折りよく自分の経営理念と製品状況を調整するかどうか、すべて彼が市場に根ざした肝心な要である。市場は戦場のごとく。戦場において双方は食うか食われるかの関係で、市場競争も激しくて仕様がない。市場戦況も刻々と変化する。一番早く変化する人も優勢と主導権を握られる。広東の人と商売をするには、まずやらなければならないことは動作をすばしこくすることである。

　広東は早く対外開放され、それに商売をする伝統がある。広東の人は市場では上がること、変転すること、変化することが速い特徴がある。彼らは市場変化による即時に調整できる。上手に融通を利かすことで、「広東製造」は全国中だんだん人気を博した。もともと目立たない小さな工場は往々として全国同業界のスターになれる。広東順徳県裕華扇風機メーカは「順徳一番の扇風機」と呼ばれた。その工場は順徳において有名であった。ところが、それはもともと醤油、豆腐なんかを作る小さな工場であった。扇風機に生産を転じたあと、十何年かが経たないうちに、生産額はすでに億元を超えた。発展のすさまじいスピードは人々に驚かせた。市場需要による即時に販売策略を調整するわけである。

　同工場は生産した１０インチの小型の扇風機はずっと売れ行きがいい、今にも流行っている。あるとき、国内の扇風機市場はもう飽和状態になり、大型化の趨勢もあると思った人がいた。同工場は社会アンケートによると、扇風機はまだまだ大きな市場がある。消費者が収入の増加と住居の改善とともに、過去の「一戸一扇」から「一室一扇」、「一人一扇」に発展しつつあるという事情を掌握した。実用的で便利な小型扇風機は相変わらず需要量が大きい。同時に、激しい競争中、製品を更新しなければ日増しに増えている消費需要に満たせないことも十分認識した。彼らは海外で香港市場に登場した「幸運扇」が外見も美しく実用的なので、よく売れているという事情を知ったこ

とができた。彼らはすぐ二台を買い入れて、技術員に任せて分析し始めた。吸収、消化に基づいて、大胆に新しいものを作り出した。やっと、国内第一台のCVT置時計式の「幸運扇」を開発した。海外の製品よりはるかに長所が多い。その結果、日本の工場は続いてもとの製品を改善した。そういう新しい扇風機は、風力が自然でやわらかく、デザインが斬新で、電気消費量も少なく、絶縁性能も優れている。特に蚊帳の中に向いて、非常に消費者に受けている。好況になるとき、倉庫に入れることが待っていられないほど工場が生産できるだけ運送される。

　広州では、「壱加壱」という名高いファッションデザイン会社がある。その発展のすさまじさは同業界に驚かせた。その経営理念とは速やかに変化することにある。服装のデザイン、生地の更新は一ヶ月、一日を単位として計算するのである。市場に適応するため、彼らが「一斉爆破戦術」を採用したとその社長は言った。いわば、新しいデザインを開発できるたびに、まず「一斉砲火」を打って、市場ではこういう新しい製品に対しての需要状況を調べておいて、その効果を基づいて、また第二口、第三口の数量を決める。「壱加壱」のもう一つずばぬけているところは市場を占めるとき節度があることにある。市場にある種の新製品を供給するたびゆとりを持たせなければならない、いい加減にやればいい。お客は買い物とものを食べることと同然で、ある種のものを一旦食べ過ぎたら厭きれたかもしれない。これ以上食べる気になれなくなる。一種の製品は一回限りだけど、ブランドは長期的なものである。もしお客が「壱加壱」というブランドにあきれたら、これから市場も打開しにくくなる。したがって、「壱加壱」は前の製品がまだ売れているところ、つぎの新品種をすでに開発できた。そうすると、だんだん「速さ」と「新たな」で市場を占めてきた。

　マーケティング戦略によると、生活水準、社会環境の発展とともに、消費者の需要は絶え間なく変化しつつある。こういう変化に適応するように、企業側は絶えず新製品を開発し、需要に満たすべきである。新製品開発戦略は企業にとって重要な地位を占めている。

　「広東製造」の成功は、ある程度にこの理論を実践してみた。生活水準を

高めるにつれて、国民は日用品に対しての要求も絶えず新たにして、もう丈夫さに満足せず、個性化に発展しつつある。日用品はただ有用することだけでなく、室内環境との組み合わせ、部屋環境に対しての影響、それに買い手の地位に合わせるようにすべきである。日用品はすでに優れ、立派さ、軽さ、うまさの方向に向いて発展してきた。広東の人はそういう変化に適応しつつ国民の生活に導いた。

　広東の家具はすでに全国の市場を占めた。それは用途が広い、容量が大きい、便利的という基本的な機能を突き破って、組合化、主体化、セットアップ化、高級化に発展されてきた。広東家具はすでに精巧、緻密、高雅の象徴となった。全国において、広東の金物の日用品は一番最初にマルチパーパス化、セット化、高級化の方向に向かって発展を遂げた。広東の家電は真っ先に美観、マルチパーパス、丈夫、電子化、省エネルギー化の道に沿って発展してきた。全国において広東の家電業は大きな力があり、往々にして広東によって市場を打開する。

　広東のプラスチーク製品もより早く多色、組み合わせ、複合などのような新しいデザインができた。日用品さえも美観ですっきりしていて、ごみ箱も工芸品のように作られる。

　「登場、変化、変転が速い」というのは人が「広東製造」に対しての評価であるとともに、広東の工場にとって生産と経営の秘訣でもある。一時期、ＶＣＤ市場は新しい勢力として現れた。広東の人は始まるのが人より遅れていたが、この分野にチャンスがあると見定めてからすぐ奮い立ってまっしぐらに追いかける。それに登場の速度も速く、規模も大きい。マーケティング戦略を大いに運用できる。「愛多」ブランドのＶＣＤは大幅の値下げが全国のＶＣＤ業界に大きな衝撃を与えた。ＶＣＤの人気急上昇を見てからすぐ光ディスクを連想した。それで、光ディスクの製作は広東音声と画像業のホットスポットになった。広東製作の光ディスクは続々と全国各地に運送された。広東商人は決して自分の生産をある枠の中に束縛させない。だから、広東の人と商売をするとき、行動をすばしこくにすべき、市場需要に適応できるように変転を早くしなければならない。

(1) 新製品が登場したあと、もし売れ行きがいいなら、すぐ大量生産に転換する。
　(2) 市場に受け入れないなら、すぐ策略を調整する。
　(3) 終始高い警戒心を保つ。事態に対処できるよう準備を整えておかなければならない。でなければ、広東の人に打ち負かされるかもしれない。

八、見かけは立派にすべき

　広東の人は金をもうけるとき、分までけちけちするにもかかわらず、金遣いはずいぶん荒いである。「服は新しい三年、古い三年、縫い繕うのはまた三年」はおろか、広東では質素な身なりも人に軽視される。なぜかというと、どんなブランドの服を着るかあなたの身分を示すできる。商売上において、身なりはあなたの実力も見せる。

　広東の人は教養程度が高くはない、消費は主導性に欠けている。消費上、彼らは他人に学びついて、いわば当地より発達した地域のあとについて学ぶ。北京の人、上海の人、広東の人の身なりの違いについて比べてみた。北京の人は「立派」を重視し、流行を追う。上海の人は上品と風采を重んじ、外見は一番重要である。広東の人はホンコン人のあとについて学び、新しいデザインの消費品を受け入れやすい。新しいでさえすれば、どんな高くても買える。金遣いは香港人より勝るとも劣らずである。服装は人に見せるのである。広東の人は特に身なりを重視する。子供の身から一斑をうかがい知ることができる。深圳の服装市場では、成人服より子供服はいっそう高い。若い夫婦は常に「ラコステ」ブランド衣料品の店へ子供服を買う。子供は立派な身なりして上品ぶっていては、親も体面が保つことができる。

　身分を示すように広東の人は舶来物に大きな熱心を見せた。ジーンズからスーツまで、ウールのシャツからTシャツまで、ネクタイから革靴、スニーカーまで、舶来品は市場にははびこっている。身なりを重視するからには、化粧品の配合が欠けるわけにはいかない。広東では、化粧品は女人に目をとめる暇もないほど豊富である。数え切れない「洋クリーム」、「洋栄養クリーム」があるため、外国に身を置いてみたいに感じさせる。

舶来品、ブランド品を追求するのは広東の人の消費特徴になった。「広東の人は上から下まで全部ブランド品で、蚤もゴールドライオンというブランドだ」といった人もいる。彼らは「ジェントルマンもレディーも、食べ物があるかどうかを問わず、髪形を保たなければならない」のである。広東の金持ちは全身ずくめブランド品で、タクシーを拾うのも自家用車を乗るのも、いつも自分の上品を見せる。財産をひけらかす北の地方の金持ちと違って、広東の人はそうやることが好きである。

広東商人はいつも一番彼らの実力を見せる姿であなたと接触する。彼の衣服はきっとブランド品で、かばんは必ずすごく高いパスワードボックスで、腕時計も世界ブランド品であるに違いない。他人と一緒にタクシーを拾うとき、決して低級な車に乗らない。広東商人のオフィスは豪華な装飾であるに決まっている。デスクは極力大きくさせ、ソファもできるだけ高級にさせる。広東商人は数え切れないお金があり、強大な実力があるうわべをみっちり見せてくれた。帳簿に財物は何一つ待たないにもかかわらず、彼らは相変わらず人に立派な感じをさせる。したがって、広東の人と商売をするとき、下記のことを注意するほうがいい。

（1）「苦しみに耐えて質素である」という態度を仕事に持ってこない。謙虚も必要なく、それは権勢と利益にばかり走る広東の人の軽蔑を招いてくるわけである。

（2）広東の人の気勢があるような外見に影響されないで、自分の策略に沿って、一歩ずつ歩んでいくこと。相手の詳しい事情をはっきりつかんで、まじめに商売をする。

九、あなたの金を利用して彼のためにする手段に用心する

広東の人の大胆は有名である。商売上特に他人の力を借りて自分の目的を果たすことに得意である。特殊な地理的な優勢を持っているため、広東省は国家から特待政策を得られた。これは大胆でまめな広東の人にとって才識を発揮できる絶好のチャンスである。彼らはタイミングを逃さないように商業才能を発揮し、万事順調に行けた。各地から資金、技術、人材は続々と広東に

流れ込んできた。彼らは他山の石を利用して、先に富んできた地位を得た。

　改革開放以来、広東の人は利用した他山の石とは、まず十分に外国資金、世界先進的な技術を導入することである。広州を例に取れば、開放以来広州で登録された中国で投資した外資は、社会固定資産投資総額に占めた比重が１９７９年の７．３％から１９９３年の３０％くらい高めた。外資はすでに広州の各分野に浸透してきた。同時に、ホンコン、マカオ、台湾からの投資も重要な出所になった。

　広東はホンコン、マカオと隣接している。原籍は広東にある華僑、華人は２０００万人くらいいる。世界五大州に分布していて、全国華僑、華人の総人数の７０％も占める。６００万もある香港人、マカオ人の中、原籍は広東にある割合が８０％も占め、帰国華僑およびその親戚、香港澳門の親戚の数は２０００万人もいる。広東の人はいくら取ってもどれだけ使っても尽きることはなく、この巨大な資金庫をたくみに利用して、経済の奇跡を作り出した。外資とともに、広東の人は一列な先進的な外国技術と管理方法を導入した。広東では、１００パーセント外資企業と合資企業は数え切れないほどある。外国の設備を利用してカラーテレビ、冷蔵庫、オーディオコンポ、車、エアコン、化粧品、家具、服装、おもちゃなどを生産する。性能がよく、デザインも新しい製品によって、「広東製造」は迅速に全国、世界において人気を博した。

　広東経済を発展させるために、広東商人がお金を儲けるために、人材はなければならない。高級な専門人材が要るだけでなく、大量な労働力も要る。それで、広東の人はまた人材と労働力という他山の石を利用し始めた。人材を引き付けるために、広東の人はいろいろな便宜を図る。広東では必要な人材さえであれば、来るだけでいい、すべての後顧の憂いが広東の人に任せばいい。給料はもとの何倍、何十倍も提供できる。広い住居も手配できる。家族は広東に着く次第仕事の手配をしてあげる。子供の入学問題も解決できる。人事資料、戸籍、米穀通帳がなくても大丈夫、広東の人はすべて解決あげるから。そこで、たくさんの人は元の職業を離れ、広東へお金を儲けたり、自分の才識を発揮したりしていくわけである。

金為民、恵州恵信会社副社長。１９８７年までに、彼は１８年にわたる飛行機を作り続けた。当時、国家の軍需工業に対しての需要が少なくなった。ところが、エンジニアが多すぎるので、転勤も難しく、金為民も山奥で毎日毎日うろうろしていた。偶然に、彼は恵州の招聘広告を見るや、手紙を送ってみた。まさか面接の返事を受け取ったものであった。恵州工業発展総会社の指導者は、「もし君が来たければ、こっちは戸籍、米穀通帳、人事資料がないという問題を解決してあげる」という態度をはっきり示した。金為民はかえって猶予した。観念がいっぺんに変えることができないから。彼の友人も「そうならいけるかな、今の食いはぐれのない職業はなくなったら」と心配した。いろいろ考えたところ、「まず三ヶ月やってみてから決めましょう」と決心を下した。行ったあと、会社は彼を当時投資額３０００万ドルもある企業の責任者に任命させ、それに、恵州精密部品有限会社を設立準備するという任務を任せた。

　そうすると、金為民はやり始めた。車を旅館として一日四、五時間しか寝なかった。やり始めたらもう離れなくなった。半年くらいしたあと、一万平方メートルの工場ができて、何百台の設備も取り付けられ、会社は順調に開業できた。それに対して、貴州では金為民がもとの工場に除名され、党内除名という行政処分もくだった。除名書類が恵州に届けたあと、恵州側はたいへん喜んでいた。「出身、階級区分、学歴、職名全部そろって、これは人事資料じゃないか」。彼らは金為民に改めて人事資料を作り上げ、入籍させ、入党させたことを通して、彼を「日陰者」から正式住民に転じさせた。

　その結果、広東は優れた人材が集まるところになった。全国各地からの人材は広東に集まって、その経済に枯渇はしない活力を注いであげた。広東の人が利用した「他山の石」の中身は非常に豊富で、すごく役割を果たした。広東の人は金持ちになる過程を分析した人がいる。金持ちになれる広東の人を大まかに二種類に分けられる。

　一つは自分の手で金持ちになる人。経済作物を植えたり、養鶏養魚したりする農民たちを含めば、大胆で法律の弱みを付け込んでたくさんのお金をまきあげた投機商も含んでいる。しかし、後者は多く商売を小規模に細々にや

るだけで、すこし財産をこしらえてから身を退くのである。それに反して、獄舎に投じられた始末になった。

　もう一つは、実業を起こして金持ちになった広東の人。簡潔に言えば、こういう人たちはよその地方の人の力を借りてからでないと金持ちにならない。技術も人にもたらされてきたし、管理も人に操作されるし、市場も人に開拓されるし、自分はただ先天的な条件によって社長や取締役に就いただけである。そういう言い方はまったく正しいとはいえないけど、一つだけの事実を証明できた。それは広東商人は確かに人材、資金、技術を導入できることである。したがって、広東の人と商売をするとき、彼らが上手に利用できる他山の石の手段に用心しなければならない。でなければ、あなたの人力、物力と技術は全部彼らに利用されるかもしれない。当然に、その中にもっとも効き目がある策略とは他人の長所を取り入れ、自分の短所を補い、相互に協力して一緒に発展していくことである。

十、「自画自賛」に用心しよう

　製品はただ消費者の手に届けるこそその価値を実現できない。工場も利潤を儲けられない。中国の伝統文化を継承したので、北の地方の人は自画自賛したくない。ウリを売る王さんが自分のウリを自分でほめる人を軽視する。広東の人は彼らと違う。彼らは冒険が好き、自我表現意識が相当に強い。広東の人は自己推薦する勇気がある。企業経営活動中、彼らは自画自賛の意識が一番強い。広東の人の広告も非常に震撼力がある。

　広告は人間の商業活動から生まれたのである。商業情報を伝達することは広告の基本機能である。経済が発展するにつれて、広告の作用がいよいよ大きくなった。商品情報の伝達に限らないで、消費活動を導く作用もある。新しい消費需要を刺激したりして、よく消費観念と方式の転換を引き起こす。それに、広告は企業自身のイメージを描き出すことに対していよいよ大きな役割も果たしている。

　一番最初に広告の重要な作用を意識したのはけっして広東の人ではない。２０世紀２０、３０年代に、上海の広告は世界に注目されたことがある。と

ころが、改革開放以来、広東の人はすばしこく広告という武器を操り、はばかりなく市場を開拓し始めた。上海の人と勝るとも劣らずほどやってきた。広東の人が広告戦の中に、勝利を収まる秘訣は「名人戦術」をうまく活用することにある。

　名人広告といえばもっとも有名なのは芸能界の人士李黙然が作った「三九胃泰」の広告にほかならない。李さんがまじめな顔つきで消費者に「偽物にご注意」といい続けたとき、ほかの地方の人たちはまだ有名人が広告をする適当性について議論してやまない。ところが、広東の人はちっとも指摘を取り合おうとしなかった。続いて、リサ・ウォン、沈殿霞のようなホンコンスターによって出演したコマーシャルを出して、全国の消費者に「広東製造」を推薦している。内陸に人たちは「有名人広告」に対しての非難と指摘をしなくかえって広東の人のまねをしようとするとき、「広東製造」はすでに各地の薬屋、商店の商品棚に並んでいた。世界体操王子李寧によって「健力宝」という「東方魔水」を海外まで押し広めた。国際映画界大人気の女優コン・リはずいぶん高い報酬で広東「美的」グループにその数字に何百倍の利潤をもたらした。国際映画スタージャッキー・チェンも全力を傾けて全国の子供たちに「小覇王」を推薦し続けてきた。

　早くて高額的な投入をできることを除いて、広東の人は広告をすることにおいて、もう一つの秘訣は上手に広告と日常生活にできた事件とつながることである。いわば、ある種の消費環境を作り出して、人がこういう環境と接触次第すぐ商品を連想できる。

　この面において、一番の成功例は「健力宝」と「太陽神」にほかならない。李経緯は「健力宝」の創始者である。１９８３年の初、中国体育協会は１９８４年ロサンゼルスオリンピック大会に参加する中国運動員のためにスポーツドリンクを選択しようとする事情を知った。機転が利く彼はすぐそれこそ千載一遇のチャンスだと意識した。

　前期準備を終えた後、彼らは力を惜しまず宣伝し始めた。サンプルを中国女子バレーボール隊まで届けた。隊員はみんな反応がよかった。やっと、「健力宝」は中国オリンピック代表団の指定飲料になった。オリンピックの開幕

前に開かれた記者会見で、一人の日本記者が「健力宝」について欧陽孝に聞いた。「女子バレーボールの試合結果を待つだけでいいから」と答えた。最後、中国の女子バレーボール隊は金メダルを勝ち取った。その日本記者は文章の中で「健力宝」を「魔水」と描いた。そのあと、「東方魔水」として「健力宝」の名声が遠くまで聞こえるようになり、アメリカにも登場できた。

　「健力宝」は最初から健康運動を販売のテーマにさせた。「健力宝」という名だけで設計人の苦心を伺える。それからの広告の中、すべて体育運動、健康強壮を宣伝主題としている。発達している筋肉と優美な動作の持ち主、世界体操王子の李寧によって、「健力宝」の販売を盛り上げさせた。それから、国際と国内の重要な試合があるたび、「健力宝」が活躍するようになる。勢いを高めるように、ラジオ、テレビ、新聞、運動場、看板、記念品など、利用できる限りすべて「健力宝」に利用された。これによって、「健力宝」を同業界に筆頭になった。

　広東の「太陽神」内服薬は、もともと「生物健」と呼ばれた。開発したて、妙な効用があるけど、有名ではなかったので知る人は少なかった。そのあと、広告会社に包装設計された。「太陽神」に名を改めて、しかも大いに広告をして、すぐ名声を遠くまで聞こえるようになり、販売量も暴騰した。「太陽神」は広告が単純に情報を伝達するという古いモデルを突き破って、製品の科学性を宣伝しなく、東方式の神秘的な色彩に重点を置いてから、「太陽神」製品を数多くの健康食品から頭角を現した。製品の適用対象、機能原理を紹介することを通して、広告のテーマを強化した。媒体の力を借りて広告活動を行い、人に「太陽神」を受け入れさせた。

　広東の人は広告を利用して「広東製造」の販路を押し広めた。もっと力を入れて広告をするようになった。毎回の糖酒交易会に、一番目立つ位置にあるのはいつも「健力宝」のような広東商品の看板である。現在、広東の人は広告をするとき、ますます広告が発揮した作用でもたらした価値を強調し、広告を保つ価値が備わらせるように発展させた。同時に、広告は広東の人に甘い汁を吸わせた。彼らはいっそう奮い立って広告を利用して財産を巻き上げる。今、広告をする人はますます多くなってきた。広告戦中、広東の人は

さらに新たな手段を運用し、最高な効果を作り出すことに勤めた。

　１９９４年の末、広州ではある料理屋が営業を始めるところ、新聞に大きくも小さくもなく、広報部責任者を招聘するという広告を登載した。企業が渉外係を招聘する広告は至る所にあるにもかかわらず、この広告はその特殊性によって頭角を現した。広報部責任者について性別、年齢を問わず、容貌が端正で重々しいことを除いて、唯一の要求は五カ国の言語を分かることである。ただ一軒のレストランだけにはなんで五カ国の言語を分かるのか。一時に広州全体はこのことについて議論してやまない。みんなその招聘したがる人はいったいどんな人であろうかどんどん知りたくなった。

　最後、ベトナムから帰国したうばざくらの華僑が招きに応じて就任した。ベトナムから帰ったので、ベトナム語を分かるのも無理はない。そのほか、フランス語、日本語を勉強したこともある。長期にわたってベトナム南部に暮らしていて、アメリカ人と多く付き合ったゆえ、英語もだんだん分かるようになってきた。中国語に加えて、多くも少なくもないちょうど五カ国の言語である。　店開きしたばかりこの料理屋は、珍しい招聘広告によってレストランが森林ほどある環境に一挙に成功できた。多くの人はこの料理屋に行く理由とはその「渉外係」は本当に五カ国言語を分かるかどうか試しにいくのである。これで広東の人の広告意識は一斑をうかがえた。

　広東の人は広告をする過程に、自分なりの体得を得て、大きな成績があがった。今になっては、広東の人は広告が一種の投資、しかも投入が少なく収益が多く投資であることを見極めたので、恐れずにさまざまな手段を施し、尋常ではない方法を運用できる。ところが、広東の人の広告は人に感心させられながら、また人にはらはらさせている。ときどき針小棒大、有名無実のきらいもある。したがって、広東の人の「自画自賛式」の広告に対して、下記の問題を気にしなければならない。

　(1) 謹んで商売をする。その見かけに騙されることに用心深くしなければならない。

　(2) まじめに彼らの方法を学ぶ。広告を利用して販路を開く。

　(3) 広告の宣伝作用を重視する。彼らの広告から製品の質量と実力を把握

できるようにしてから、よい物を選んで販売を行う。

十一、タブーとされることをしない、相手の好むところにあわせる

　広東の人は非常に迷信で、特に商売人は甚だしい。広東省開平市某化学製品工場は何年続いて経済効果が低い。それほどの工場はなんと原因を探し出せなかった。さんざん探したあげく、一人の地相占い師を見つかってきた。地相占い師が着いたら、羅針盤を手に持ちながらあっちを見たりこっちを見たりした後、対策を考え出した。指導者に工場の中で奔馬像を一つ作ると言いつけた。馬の頭を北西に向かせて、それから、頭が向いている方向に沿って将来力になってもらえる人の手助けを探していこうと。これはもともと地相占い師のでたらめばかりであったが、その工場はすぐ言われたどおりに、像を作ったや否や、すぐ蘭州へ行ってある化学工業研究所のエンジニアを全部高給で開平に招いてきた。

　今の広東では、迷信はコレラのように迅速に瀰漫しているように、貧民であっても金持ちであってもみんな迷信にとらわれた。広東の町には、八卦をみる露店が至る所にある。八卦見も元来の盲人、道士の代わりに、さまざまな老若男女に変えた。電卓機さえも使い道になった。八卦見に頼んでくる人もさまざまで、各業種に分布している。商売場ではもっと激しい。条件があれば、出かける前に広東省人は「何時に出かけるいい、どの方向に向いていい」など予め八卦見に聞いてみる。大事な商談をする前にいつも八卦を見ておく。商談は順調にまとまるかとか、相手はどんな人だろうかとか。日常生活に至っては、広東の人は冠婚葬祭、就職商売をするとき、よく神様のご利益を盲信する。

　広東の人は数字に対して好き嫌いがはっきりである。一番いいのは「６」と「８」で、「順」と「發」という漢字の発音に近いからである。電話番号、携帯番号なら、６と８を持っている番号は非常に人気がある。ときどきオークションしなければならないほど争う。店の番地も６と８は一番いい、吉な象徴であるから。そのほか、６と８を含んでいる日時も大切になる。１９８８年８月８日、広州市の青年が結婚人数が急増し、各ホテルに結婚披

露宴でいっぱいになったということである。みんな２０世紀に日時が四つの８がつながるというありがたい日をねらったので、商店も満足できたし、お客も喜んでいたし、多くの商店は確かに財産をたくさんこしらえた。日常的な付き合い中、特に新年や祝日に親戚や友人を訪ねるとき、広東の人はうまい具合に処理するのがねらいである。飴なら「大吉利」マーク、タバコなら「双喜」マークの贈り物を選ぶ。プレゼントを贈るとき、置き時計はタブー視される。それは「みとりをする」と意味合いするからである。梨もだめ、「離れ」の意味合いを持っているから。

　広東の人は出かけようとするとき、くしゃみをするとか、目がぴくぴくするとか、すべて順調にいけるかどうかの兆しである。それは吉の兆し、出かけるならいい事にあえると信じ、でなければ不吉になるかもしれないと彼らは思うので、いつも注意深く取り扱う。シェンジェンは各地からの人材が集まるところである。シェンジェン人の観念は現代感が強い。しかし、広東の迷信はシェンジェン人に濃い色を染めさせた。シェンジェンを「伝統な神が主宰するモダン都市」と呼ばれた。随意にシェンジェンにある商店やレストランに入るや、商品棚や食卓のそばに大なり小なりの寝仏、あるいは如来様、観音様、福の神の像が並んでいることを見られる。すべて色合いが鮮やかで、細かく作り上げられる以外、一年中消えさせないようにネオンで飾り付けをしている。彼らから見れば、富を富ましようとしても吉なことに合おうとしてもいずれも神様の加護に頼らなければならない。ただ坂田第一工業区を例に取れば、あらゆる工場が神像を設けている。大きな工場は大きな神像、小さな工場は小さな神像、それがなければより所もなくなるみたいに。

　広東では、誰かの家に出来事があれば、その神像の前に線香の煙が渦巻いているに決まっている。庶民たちであえそんなに神様を信仰するが、工場はなおさらである。２００人足らずの小工場には、三階のビルに二つの所で神像を祭られている。その上にネオンも絶えずピカピカ閃いている。位牌に「前後五主五帝の神位」「福の神の神位」と書かれている。工場では、日常的な活動があれば、たとえば社長の誕生日とか、神像に線香を燃やしたり紙銭を焼いたりして、吉なことに合えるのがねらいである。商品が売れ行きが悪い

とき、巨大な損をするとき、常に大祭事活動が行われる。全員出動したその場面は極めてにぎやかといえる。

　竜華鎮に建てたばかりの電子工場がある。工事を始めるとき、いくつの墓を掘り出した。工場長は不吉な感じをさせた。工事を始めてから一週間が経たないうちに、一人の指導者が突然なくなり、続いて何件の労災事故を起こした。「工場長は鬼の気に障った。鬼の住所をきっちりと繕うか、それとも引越しするかを早く決めなければ、この工場は安定できない」とたくさんの人が騒ぎ始めた。工場長はたいへん驚き恐れるようになって、地相占い師の指導の下に、すぐ古い墓の上に「鬼を抑え鎮めるビル」と「鬼の棺おけ」を建てた。まだ足りないかと心配したので、「棺おけ屋」のそばでまた一つ小さなビルを建てて、大なり小なりの菩薩像を祭った。正で邪を鎮め、工場の威勢を振るおうとした。こういうプロジェクトは何十万元を使った。その代わりに、工場長の心理的な落ち着きに換えただけである。

　広東では、商売上は情勢が複雑でその変化も甚だしいから、商売人は考えをしっかり決められなくなったらいつも八卦見に頼んでいく。布吉鎮に一軒の小さな電気器具工場がある。ここ数年来、商売はたいへん不景気であった。今年の三月になっては、また製品の質量が不合格から、売り出したらなんと２７万元も損をしてしまった。そのため、工場長は毎日毎日恐怖のあまり生きた心地もしない。ある日、ホンコンのある会社から注文状をもらった。数量も多くて付け値も高かった。工場長は喜びと憂いが半々になった。売らなければ当てにしていたことが外れることを心配しながら、売るなら騙されて虻蜂取らずの始末になるのを恐れる。いよいよ出荷するところになり、工場長は気がかりでじっとしていられなくなった。そのとき、販売部部長は工場長に「おみくじを引いてみよう、吉なら出荷、でなければしない」と知恵を貸してあげた。それはちょうど工場長の気持ちに合わせた。そうすると、二人は当地の有名な寺へ急いでいった。ようやく込んでいる人ごみを押し分けて入っておみくじを引いた。開いてみたら二人とも顔が真っ青になった。「大凶」のおみくじであった。部長は「これはやっぱり天意だな、今度の商売を放棄しなくちゃ」と嘆いた。工場長はあんまりあきらめたくなかったが、出

荷したら損をすることを心配するので、とうとうしぶしぶながら放棄した。広東の人の迷信に合わせて、彼らと商売をすればよく注意しなければならない。

（1）贈り物をするときに「忌み」を覚えておこう。話も思うままに話せないで、できるだけ6と8を使う。至る所「吉になる」ということを注意する。

（2）彼らの迷信心理を把握する。できるだけ唯心の角度から彼らの「凶を避け、吉をつく」の心理に迎合する。

（3）広東の人と商談をしようとしても、協力しようとしても、できるだけ「よい時」「よい所」を選ぶ。

そうしたら、きわめて機転が利く広東の人は喜んであなたと協力するのであろう。

十二、悪人仲間に用心しよう

広東商人は李宗吾先生の「処世学」に対してもたいへん研究をしたようである。彼らの処世術はかなり熟練している。それに、広東は開放したことが早く、商業的な頭が発達しているから、彼らは常に初めて商業界に歩み始めたよその地方の人を自分のものだと思っている。広東の人は金を命のように大切している。商売をすると、図々しくてしようがない人もいれば、内心は陰険でたまらない人もいる。

上海と比べると、両方とも重商の伝統がある。商業倫理をよく分かっていて、実力でお金をもうける上海の人に対して、広東の人は大いに違っている。市場経済の薫陶のせいか、広東商人は正邪に分けている。正しい行いで利潤を追求人がある一方、各種の手段を邪道に運用する人もいる。盛んな悪人仲間勢力は広東商人の汚れになった。彼らは脅し・ごまかし・かどわかし・かたりもすべてやる悪党である。

商売場は戦場に似ていて、知恵がある人は勝つ。広東の人は金を命のように大切している。商売をする経験が豊富で、処世学を手慣れに運用できるに加えて、広東の人は豊かな創造力に富んでいる。ところが、商売をやり始めたよその地方の人は未熟者で、よく広東の人のわなに掛かられる。

広東の人は商売をする手法は非常に手慣れていて、たくさんのよその地方

の人に損害を与えた。８０年代、「広東製造」は全国において広く流行した。それとともに、広東の偽物も盛んになってきた。数え切れない地下工場では国内および国際のブランド品が生産された。日用品から電気器具まで、労働集約型製品からハイテク製品まで、偽物なら何でもある。広東の商品を買うとき、ちょっと不注意すれば偽物を買わされるかもしれない。

広東では、３０軒以上の地下工場でアメリカの光ディスクを模造するので、アメリカ側に損をされた事件で中国とアメリカの間に知的所有権紛糾を起こしたことがある。広東は越権行為が多発したところになった。そのほか、広東の闇市が迅速に発展してきた。多くの家々に浸透しつつあり、多くの人に受け入れさせる気配が見せる。密輸と密輸品販売は広東の闇市の主な組み合わせ部分になった。広東はホンコンと澳門に隣接していて、辺境密輸は有利であることをねらって、闇市交易も生まれた。

広東の闇市は大きな特徴は二つある。第一、値段は合法的な交易より安い。これは闇市が人に抵抗されない主な原因である。第二、闇市交易はどの分野にも現れ、しかも損をするのもほとんど国家側で、個人はいつも儲からる。したがって、たくさんの人は反感を感じるどころか、闇市に親しみさえも感じる。　広東の闇市は密輸現象のため不均衡な発展をしている。広東ではカラーテレビ、ビデオ・レコーダー、高級タバコと西洋薬などの密輸品は違法的で大量に販売されている。事情通によると、広東では、密輸品が岸につくや、きわめて低い値段で予め注文した商人に卸売するものもあれば、悪徳商人の仲間に倉庫に運送され、それからお客を探すのに工夫する商品もある。あるいは合法的な商品に転換させ、内陸に売りさばいていく。

ほかの地方の悪人仲間勢力と違って、広東の正邪勢力の限界ははっきりしている。合法的な商売人は違法しないで巧みな手段で利潤を儲ける。悪党は邪悪に道に沿って、自分なりのしきたりとやり方がある。正邪勢力が並存していて、両方とも迅速に発展してきた。ほかの地方のように、合法的な商売人は時々悪党の手段を使う。悪人仲間もそんなに専門的ではなく、ただ邪の道を試してみて、少しお金を儲けたらすぐ退く人も少なくない。したがって、広東の人と商売をするとき、いくら注意しても足りない。まず、相手が正か

邪か判断する。慎重に協力相手を選らぶ。その次に、できるだけ悪人仲間を避ける。でなければ彼らに害をされ、命まで掛けるかもしれない。さらに、商売をするとき、できるだけ悪人仲間の干渉を避ける。最後、悪人仲間に遭えば、公安部門や司法部門に援助を求める。彼らの支持に基づいて問題を解決する。

第二節　天津商人の信用重視

　天津商人は「自画自賛」の意識が多くはない。商品の質量に力を集中する。天津商人は「まじめにすれば損をしない、刻薄なやり方では金をもうけられない」ということを深く信じている。脅かし、ごまかし、かどわかし、騙りの現象は少ない。天津商人の科学を崇拝し、信用を重んじ、実際行動を重視する良好な仕事ぶり及び国際慣例に合わせる経営原則によって、天津はすてきなソフト面の投資環境を作り出した。

一、天津商売のコツを掌握するように

　北京には官僚が多い、天津には商人が多い。昔から「京官津商」という言葉は人々が燕趙地域にあるこの姉妹都市に対しての直感である。実に、華北地域において重要な商業都市として天津は商業の歴史がそんなに遠くはない。数百年前、天津はただ製塩業と漁業を正業としての村囲いであって、当時「直沽寨」と呼ばれた。明の時代に燕王はここで川を渡って南へ転戦したことから、「天子が津河を渡る」という意味合いがある。明の永楽年間に「天津」を設置してから、市名を得たわけである。
　ところが、天津は商業港としての地理優勢に恵まれている。天津市は大部分が海河平原に位置している。永定河、大清河、子牙河、南運河、北運河という海河の五大支流がここで合流する。それから、金、明の朝が北京で都を定めてから、天津は運河の北端において回漕及び海運の集散地になり、商業はだんだん盛んになった。地理優勢に恵まれることを除いて、天津は天子の

足元にある北京とごく近い。これは天津が華北地域において重要な商業都市になれるもう一つの政治要素である。

　天津はもともと多民族の雑居地である。歴史においては、ここは関内から東北地方に入り、東北地方から華北地域へ行く重要な街道であるから、人口流動性が大きい。ここでは漢族、モンゴル族、女真族、朝鮮族、満族が集まるところである。開港されたあと、すさまじいスピードで発展してきた天津は中国各地及び世界各地から人を引き付けた。異なる肌の色、異なるアクセント、異なる習俗の移民たちがともに住んで、みんな自分なりの生存空間を求める。租界、教会、戦争、商戦、長い歴史の変遷中、東西文化がお互いの摩擦と理解、ぶつかりの下に、重い歴史の責任を背負いながら競争意識、科学精神、現実主義的な精神、着実励行な仕事ぶりという気質が備わっている近代商人は現れた。

　保守的で商業意識に乏しい河北の人に比べて、天津商人は鋭い商品意識が備わっているだけでなく、きわめて強い競争意識がある。天津の「大直沽焼酎」は名声が遠くまで聞こえる。「さすがの名酒大直沽、色は琥珀柔らかな口ざわり」。「大直沽焼酎」の中に高粱酒の普通なものがあれば、「玫瑰露」「五加皮」「状元红」の品種もある。その中「玫瑰酒」は外国人に「中国のブランデー」と呼ばれた。影響を拡大するために、直沽焼酎の名工場「義聚永」の責任者劉香久は自ら海外へ行って東南アジアを奔走したところ、シンガポール、バンコック、クアラルンポール、ジャカルタで直接販売店を設けた。中国の焼酎の香りを東南アジアを漂わせた。１２０年の歴史もある「義聚永大直沽焼酎」は今でも伝統的な色合いが保持され、どんどん内陸、東南アジア、欧米諸国に送られている。

　各民族が雑居しながら融合してきて、みんな平和的に付き合ってきた。これによって天津は何でもかでも受け継がれる、相互に参考にする多元文化を形成した。たとえば、趙士林食品工場はドイツ人趙士林の名前で名づけたのである。趙士林はもともとドイツ皇帝ウィリアム二世の御用シェフであったが、１９００年八国連合軍につれて中国に来た。退役したあと、中国で一軒のレストランを開けて、たいへん繁栄であった。解放後、趙士林はまたお菓

子とケーキを生産する大きな工場を設けた。今に至っても、独特な調製方法をそのまま保存してきた。

　それだけでなく、天津商人は中国料理を西洋料理の食べ方で食べられる。天津「全聚徳」の社長は外国人が中国料理になれないことを見てから、西洋料理の食べ方で中国料理を食べる方法を考え出した。「凤凰氽牡丹」などの名料理は西洋料理の出方で食卓に上がり、たくさんの外国人を引き付けてきた。奮闘・着実励行精神は天津のブランドをどんどん作り出した。科学を崇拝し、人材を重んじ、競争開放な精神によって天津で有名な工商業人士はどんどん現れてきた。信用を守る天津商人がだんだん教養あるビジネスパーソンになった。中国において天津は上海に継いでもう一つの大都市になった。商人を養成するところになった。天津商人の身から、農耕文明と工業文明の融合、東方文明と西洋文明の並存、伝統文化と近代文明の合流を見られる。天津商人の商業精神は主に下記のように表れている。

　(1) 一生懸命に働く、着実励行の精神が備わる。
　(2) 科学を崇拝し、人材を重んじる。
　(3) 利益を重視しながら、信用をしっかり守っている。

　これも天津商人が商売するコツである。それを分かってからでないと彼らと順調に協力できない。

二、安心する「天津製造」

　天津商人は「自画自賛」の意識が多くはない。商品の質量に力を集中する。「天津三つの妙技」とは、質量がいいだけに妙技と呼ばれた。「狗不理肉饅頭」「耳の穴揚げ餅」「桂発祥麻花」は天津の三つ妙技である。海外まで名声が聞こえる。これは全部その質量次第である。もしこの三つの食品を食べなければ天津に行ってもむだである。ところが、天津の世に名を知られる老舗は天津商人の現実主義的で着実励行の商業精神を含んでいる。天津「狗不理肉饅頭」という店の屋号は「徳聚号」である。創始者は高貴友という人で、「狗子」という幼名を持っていた。狗子が作れた肉饅頭は皮が薄くて口ざわりも柔らかいである。彼が作った肉饅頭はおいしかっただけでなく、しかも本人

が信用できる。お客が肉饅頭を買いに来たら自分でお金を払って自分で肉饅頭を取ることから、彼本人も寡黙であまり話をしたくない。月日のたつうちに「狗子が肉饅頭を売る——概に相手にしない」といううわさがあまねく広まった。だんだん「狗不理」のあだ名は世間に知られた。ところが、「狗不理」という名前の由来についての言い方はたくさんあったが、追究できないからそのままであった。お品がいいでさえすれば、消費者が喜んで受け入れれば、どんなひねくれている名前でもかまわない。質量がいいなら自画自賛しなくてもいい、翼がなくても飛べる。天津の三つの妙技は質量次第に名声を博したのである。こういう観念は今の天津商人を深く影響している。

　現在、天津の人は商売をするとき商品名に頭を働かせず、華やかだけで実を伴わない見掛け倒しにならないようにしない。商品の質量に力を集中してひたすら再び天津妙技を見せてやろうとする。たとえば、天津で生産された「金鶏」マークの靴クリームは全国に４０％もカバー率を占め、ほぼ半分に達する。今の「天津日化四場」はもともと化学製品工場であり、老舗でもある。当時作り出した「金鶏」マークの靴クリームが質がよくなかったから、顧みる人もいなかった。そのあと南開大学から化学教師に務めていた余瑞征を誘ってきた。彼が心血を注いだ研究に没頭したところ、靴墨の質がかなりよくなった。磨きたての靴はぴかぴか光っているだし、長期にわたっても乾いて裂けないから、すぐ販路を開けた。今になっては、「天津日化四場」に６０人以上のエンジニアがいる。材料を選ぶ、原料を配合する、原料を溶かす、水量を控えること全部コンピューターでコントロールすることによって、「金鶏」マークの靴クリームの質は決められた。大きな話をするより信用を立てることに及ばない、名前がいいより品がいいことに及ばない。これこそ天津の人の追求と信念である。　したがって、天津の人と商売するなら心配しなくてもいい。彼らの商品を買うにも安心でき、余計な検査をしなくてもいい。

三、天津の人の創造性に富んでいる商業上の考えを重視する

　天津の人から見れば、品物がいいなら遠いところのお客も招いてこられる。ウリを売る王さんが自分のウリを自分でほめるやり方ではいけない。正真正

銘によってのみ深く根ざせる。いい品物ならお客に門を破るほどにぎやかになれるし、いい商売をもたらせる。からといっては、実力は一生懸命に働く仕事ぶり、巧みな腕前、唯一無二の創造から由来したものである。

　天津の「大麻花」は柔らかくて歯ざわりがいいので、だれがなんと言おうが絶対別のものと違っている。「十八街桂発祥」マークの「大麻花」が特別に優れているところとは「麻花」の真ん中に餡を挟んでいることである。餡は杏仁、桃仁、氷砂糖など何十もの種類の薬味で配合するもので、見た目がいいだけでなく、いっそうおいしくなる。ところが、こういう「麻花」を作るには「桂发祥」の生え抜き範桂林はいろいろ心血を注ぎ尽くした。おいしいはおいしいけど、長く放置すると歯切れが悪くなる。どうやって「麻花」を長く保存するか範桂林はいい方法を見つけるためあれこれと考え抜いた。血眼になって捜し求めていたがひょっこり眼前に現れるといった通り、範桂林はちょうど「麻花」の歯切れが悪くなることにどうしたらよいか分からないときに、一つ意外の出来事が彼を助けた。そのことはこの名高い天津の老舗を成就させ、天津のもう一つの妙技を形成させた。

　ある日、彼の店は大雨に降られた。お客が少なかったので、「麻花」を揚げる原料がたくさん残された。小商売は大きな損害に耐えられなく、儲からﾞれるからといって欠損を出せない。範桂林は練り粉が固くなることを心配し、そのなかにすこし水を入れたところ、また水が多すぎて、練り粉がいっそうどろどろになった。もとは小麦粉を保存したがったが、結果はかえってへまをしてしまった。ところが、次の日練り粉は発酵したことが思わないで、仕方がなくもう少し小麦粉とソーダを入れて、そのまま揚げましょうと決めた。十分に発酵させなかった練り粉で揚げた「麻花」はたいへん柔らかくて歯ざわりがいい。長く放置されても変質しなく、歯ざわりが悪くならない。これで当日売り出さないもの、あるいは食べきれないものの保存問題を解決できた。範桂林は練り粉を作ることに一生の力を尽くしたところ、やっと一つのブランドを作り出した。

　これは偶然的な創造であったが、昔から創造を重視することは天津商人の重要な特徴である。これは優れている伝統として天津の人が商売をするコツ

になった。たとえば、商機を捕まえることにおいて、天津の人は彼らの創造性を発揮できる。今、利口で器用である天津の人は商売の触角を死人まで伸ばして、死人からお金を儲ける。北の地方至る所に分布している経帷子屋の中、十中八九天津の人に開けられたのである。天津作りの経帷子は生地が柔らかく、色も青と黒が多く、裁縫手法もきわめて優れていて、値段もちょうどいい。人がなくなったら一セットの経帷子を贈っては、面倒くさくなくてしかも北方人が年長者の死後を面倒してやる文化心理に合わせるから市場が大きい。

　激しく競い合う商業界において、天津商人は隙間を見つけ、立脚点を求めることに上手ではなく、ブランドを作り、長期的な利益を追求することにも得意である。妙技を作り、ブランドを創造することは天津商人の通念になった。したがって、天津の人と商売をするとき、彼らの創造性に富んでいる商業精神を重視しなければならない。

　(1) ブランドを創造するための商売をするなら、天津の人と協力するほうがいい。

　(2) 商売をするとき、天津の商売人の手助けを求めていい、彼らの創造性は一臂の力を貸してあげるから。

四、利口に売る、がむしゃらに買う

　天津商人は「まじめにすれば損をしない、刻薄なやり方では金をもうけられない」ということを深く信じている。脅かし、ごまかし、かどわかし、騙りの現象は少ない。諺にもあるように、北京から南京までどこへ行っても買い手は売り手ほど機転が利かない。ある種の人は往々として自分の製品を飾り立てて吹聴する。お酒をいくつの種類混ぜたら、新たなブランドが生まれた。血行を盛んにし、骨を丈夫にさせる効き目がある。いくつの種類の草薬が取り合わせたら、一つの保健食品も新たに登場した。病があれば病気を取り除ける、病がなければ体にいいという効果がある。以上述べただけではなく、ほかにもたくさんある。しかも、気勢の盛んな広告につかまれて、信じせずにはいられない。

第二章　広東の金銭と天津の信用

　ところが、弘法も筆の誤りというように、それは賢明なやり方とはいえない。本物は到底本物で、偽物も本物にならない。一時に騙されるけどいつまでもごまかされるわけがない。機転が利く天津商人はずっとこういう原則を守っている。金はどうせ払うべき人が払う、買い手がなければお金を一文さえも儲けられない。ひたすら天の神のポケットからお金を出そうとし、脅かし、ごまかし、かどわかし、騙りをしようとする人は骨折ってかえってまずいことになる。したがって、利口に売ることとがむしゃらに買うことは天津商人の長期的な計略である。

　天津商人から見れば、普通の人としても商売人としても、機転が利くか利かないか信用できる次第である。正真正銘は聡明なやり方で、劣等品を上等品と偽るのはばかである。いくらまじめでも損をしない、刻薄なら金をもうけられない。これは彼らの信条である。天津の達仁堂薬屋は北京の同仁堂と肩を並べることができる。達仁堂によって生産された「丸散膏丹药」さえ飲めば病気はすぐ治ると言える。達仁堂では原料を選択するのが極めて底が深い。サイの角はまるのまま要る。偽者を本物と偽るどころか、劣等品を上等品と偽ることも絶対許さない。それに加工過程をも厳しくする。「石臼、碾き臼、銅の鍋、たたき、ひき、こすり合わせ」という漢方薬を作る手順に応じては、たいへん疲れるものである。品質を確保するように、彼らは仕事を分担して各自責任を負う。草薬の原料だけでなく、高価の薬はさらに厳しく検査される。達仁堂の薬さえ飲めば病気を取り除けるとはいえ、それだけで暴利をむさぼることはしない、人の弱みを突っ込んで金銭をゆすることもしない。彼らはサイの角、牛黄、サイがの角などの高価の薬を仕入れたあと、それによってただ漢方薬を配合する用だけで、市価はどんなに高くても転売はしない。

　天津商人は実力を重んじる上に、信用を重視している。信用は形がない資産である。信用を守るために彼らは幾度も困難や危険に遭ったことがあるにもかかわらず、今にも堅持している。１９８４年天津華聯デパートの代表取締役及び法人を兼ねていた劉建章はかつて一段意味深長な話をしたことがある。「解放される前に、商人たちは取り引きが不調に終わってもけんか別れ

をするには及ばない、人柄があってからこそお金を儲けられると信じていた。今の人が外国人に学んで、消費者を「天の神」を見なしている。私はちょっと直してみようか。中国の特色に合わせば消費者は「衣食を与えてくれる人」だ。報酬もボーナスも、衣食さえすべて消費者が与えてくれたものだ」と彼は言った。

　市場経済はお金を儲けることとイコールできると思っている人がいる。お金のためなら何もかも捨てられ、儲けるために手段を選ばない。ところが、劉建章は儲かることが人民のために奉仕することと有機的に統一させた。「市場経済は発展すればするだけ、もっと人民のために誠心誠意に奉仕するように旨を堅持すべき」と彼が思っている。「一生にわたって人民のために奉仕する」と彼は決心を下した。「華聯の原則とは人民のために奉仕するのが一番目で、二番目は品質だ。この二つがあってこそ企業の信用もできる。信用第一、衣食を与えくれた人に自ら私たちのサービスを体験して差し上げる」と。そのため、彼は全国において一番最初に「七回試し、一回返却」という制度を出した。

　「自転車は三日間乗ってみることができるように、時計、腕時計は一週間、テレビは１５日、電球のような照明器具も１５日、高級化粧品、靴のクリームはサンプルを準備しておいて試用できる。試用期間中、以上の商品は一律に修理、部品交換、返品に応じる」こういう制度を執行するのは、店員に面倒をかけ、販売上ちょっと損をしたけど、大いに消費者に便宜を図ってくれて、お客の後顧の憂いを消しさせた。今天津市民はみんな華聯へ安心な商品を買いに行きたがる。天津の人のこういう特徴に合わせて、彼らと商売をするとき相応的な対策とは利口に売ることとがむしゃらに買うことである。

　(1) 天津の商品を買うとき、後顧の憂いなんか心配しなくてもいい。

　(2) 天津の人に原料やほかの製品を売るとき、品質を十分に注意しなければならない。劣等品を上等品と偽り、偽者を本物と偽ることはできない。

五、商売と自身を修め、国を治め、天下を太平にすることとつながる

　天津は燕趙地域に位置していて、「燕趙文化圏」に属している。いつの間にか、天津文化は自ずから分離してきた。ところが、北京と隣接しているため、儒教の文化の影響はやはり濃厚である。機転が利いて慎重な天津商人は東北人のそそっかしさがなく、江南商人の狡猾もない。多くは態度が穏やかで立ち居ふるまいも上品で、学者の気質がある。それに、彼らは江浙商人のように強い功利主義がなく、みんな緩急節度がある。天津商人は外交家の聡明、実業家の執着、芸術家の精巧、政治家の責任を集成した人であるというにも過言ではない。

　正直、誠意、自身を修め、家庭を平穏にし、国を治め、天下を太平にするのは中国古代から士大夫らの人生哲学と行動基準である。歴史においては、これは「永久黄」の草分け、天津商人範旭東の身から十分に体現されてきた。自身を修め、家庭を平穏にし、国を治めることは範旭東が企業管理についての主な指導思想である。成功的に企業を建設するには、まず指導者は率先して苦をなめたり、一生懸命働いたり、成績を上げたりしなければならない、そうすると信用ができる。その次に、人となりを清廉にする。廉潔ができれば、人の尊敬を博することができ、新しいことも推進しやすくなると範旭東は思った。何から何まで清廉的にできれば、事業を失敗しても他人から理解を得られる。同業界の人たちは彼の言行に感じて悟られた。精神上みんなを緊密的に団結させた。

　その故、高い官位と多い俸給の誘惑に面して、「永久黄」の人たちは変わることはなく、雑念を払い欲望をなくす態度で「永久黄」の事業を執着してきた。範旭東、孫学悟は何度も南京国民政府の高官宋子文の誘いを断った。部長のような高官に務めるよりむしろ自分の手で「永久黄」の科学研究機構—「黄海社」という「抗戦中の中国孤児」を育てる。彼らは「永久黄」そのものを超越し、しかも「永久黄」の衰弱成敗を中国将来の工業全体の盛衰にかかわる大問題と見なした。その団体に限らないで、中国全体まで拡大し

た彼らの事業は中国の後代、国家と民族の自立にかかわる。

　歴史において、外国商人と競争していた過程に、天津商人は民族利益を守り民族の尊厳を失わないうえに、無鉄砲に行動しなく、道理があり、利益があり、節度があり、落ち着いた態度で取り合ったから、外交家の風采を見せた。天津商人は国家民族に対しての観念が昔から伝わってきた。数年前、天津光栄ソフト会社の二人の青年が侵略と大戦を美化することに抗議するという中国を震えさせた事件で、中国人全体に称えほめられた。実に、日本天津光栄ソフト会社に生産されたゲーム機は第二次世界大戦を美化する内容と戦争に弁解し、翻案しようとする疑いがあるほか、日本側が戦敗するわけがない潜在の可能性をも含んでいる。こういう内容は中国人の感情を深刻に傷つけただけでなく、しかも人々は世界人民たちが反ファシズム的な運動の意義に対しての認識に不利である。二人の同社青年は高い俸給を失い、首になることも恐れずに、憤然として社会全体にこの会社を告訴したところ、日本側を中国側に謝らさせた。それに大戦を美化するソフトの生産と販売を取り締まることを余儀なくされた。従って、天津の人の特徴に合わせて、よその地方の人は天津で商売をすれば、商売を人となり、国家民族の利益とつながることに注意しなければならない。

　（1）人となりは必ず正直で清廉である。苦をなめることも一生懸命に働くことができる。

　（2）国家と民族の尊厳に損をかけることはできない、利益に目がくらんで正義を忘れることはしない。

　（3）できるだけ民族精神を広めたり、国家威勢を増やしたり、企業や個人の知名度を高めたりすることに有利であることをする。そうすると、どんな広告をしても天津市場を奪うこともできる。

六、投資したければ天津へ行くほうがいい

　ホンコン、上海のあとに継いで中国の第三大通商港になるとともに、天津は再び中国改革開放の最前方になり、国際化の商業都市に成長した。天津港は天津に位置しているにもかかわらず、同時に東北地方に属しているから、

環渤海地域にサービスするとともに、「三北」地域の発展にも奉仕できる。中央各部門にサービスを提供するほか、各省、市、自治区のために奉仕しなければならないと公開的に提出した。政府との関係において、天子の足元に位置しているけど、天津商人は政府とつかず離れずの態度であり、安徽商人のように功名に熱中しなく、いつも正々堂々で規則どおりにする、公平合理を失わないようにする。

天津商人の科学を崇拝し、信用を重んじ、実際行動を重視する良好な仕事ぶり及び国際慣例に合わせる経営原則によって、天津はすてきなソフト面の投資環境を作り出した。そのほか、中国最大の人工港として天津港は要道に位置しながら、水深で広い。１３３個のバースの中に各種類の客人用と貨物用の公用バースは６２個ある。万トン級のバース４４個、コンテナー専用港の輸送力は全国一である。そこで、中国において天津はホンコン、上海と肩を並べる三大優良な投資都市になった。従って、天津は理想的な投資都市であるというわけである。

そのため、スイスのネスレ会社、ドイツ化学製品工業グループ、アメリカのゼネラルエレクトリック、韓国のサムスングループ、日本工業株式会社という世界においても名高い会社は続々とここで独資会社を設けた。外国と合資する「天津大発」「夏利」「康師傅インスタントラーメン」「史克腸虫清」「コンタック」という会社も相次いでここで根ざした。先進的な技術の持ち主である天津は近代的な国際港としてすでに東方の地平線を飛び出し、世人の目の前に現れた。もしよその地方の人たちは商売をしたり、投資したりするつもりがあれば、天津へ行くほうがいい。

第三章　義理堅い東北商人

　東北の人と商売するなら、十分に感情的な投資をすればできないことはない。まず彼らの癖を心得るべきである。これは東北の人と商売をする基礎である。東北の人と商売をするとき決してけちけちしないで、出すべきときは出せてからこそ、彼らとの商談をまとめられ、思いきって東北の人のお金を儲けられる。商売をするときに体面にこだわる心理を掌握しなければならない。また、東北で商売をしたければ、驚くべき酒量がなければ立脚できない。

一、義理堅く友を重視する

　東北の人はなかなか義理堅い。彼らと商売をするなら、誠心誠意に付き合わなければならない。東北では、「お金を話すな、言い出すと感情が遠くなるぞ」という言葉はよく聞こえる。決まり文句であるにもかかわらず、ある側面から東北の人が義理を重んじ利益を軽んじる心理状態を見せた。東北では、「上海商人と商談するのはとても疲れることに対して、東北の人と商売をするのはかえって気楽である。南方の人は注意深くて優雅で、北方人は豪放で率直だ。」とあるイタリア商人はこっそり言った。

　東北の人はもっとも義理堅いである。性格もさっぱりしていて、友人のためならどんな苦しい目に遭ってもかまわない。友情を命より重要視される。東北の男の人は気立てがいい、親友に会えば心を取り出すほどやれる。酒飲みを例に取れば、お客を死ぬまで飲ませ、食卓の下に滑り落ちなければ友達がいがないようである。十分に飲んだら、できないこともすべてなくなる。

第三章　義理堅い東北商人

　従って、東北の人と商売すれば、まず彼らの癖を心得るべきである。たとえば、商売人が一緒になれば、食卓の前に飲めないとか胃痛とか言わない。酒飲みが大好きな東北の人は酔っ払うまで飲まないと友達がいがない。思いきって飲むことさえできなければ友達ではないと直接に推論できる。友達がいがない人と付き合うことはどんな意味があるか。東北の人の豪放率直な心理をつかんだおかげで、彼らと家族のように付き合っていて、兄弟らしい良い仲である。商売も盛んにやっている。東北の人の豪放率直は全国において有名である。よその地方の人は、東北の人に対して逆いもせずにできれば、ほかの地方の人より何百倍付き合うがいがある。

　東北の人は義理堅い。往々としてがさつで、野性的なやり方でそれを表れる。たとえば、張某は李某を助けてあげた。李は心地がよくなって、「こいつめ、まともなこともやれるか」とののしりながら一つげんこつを食わせた。張も喜びになって「俺はおまえを助けしないと、誰か来るかい」と返事をしながら、また拳骨を返した。みんなかなり快適になった。これは東北の人の性格に合わせている。悪口をしなければみんなを感じ悪させるかもしれない。

　東北の人は率直である。言い方を換えれば、一本調子である。もっと聞き苦しい言い方すれば、犬の腹には油を少しも溜められない。どんな話もでき、不満があるだけもらす。こういうもらし方はまた南方の人の含蓄が欠けていて、どんなことでも強情なやり方を取る。義理堅い性質によって、東北の人は商業界において頼りになる名声を博した。東北の人と付き合うとき多くの人はまじめに容易に付き合えると表れる。東北の人と商売するなら、十分に感情的な投資をすればできないことはない。

　ところが、やりくりがうまくてちょっとした得に目がくらむ人は東北の人の前に融通を利かせて運用することはできないようである。東北の人は金銭を軽んじ正義を重んじ、友達がいさえあれば、商売上の話はどうでもいい。別のところの人ほど細かくせんさくしないで、東北の人がけちけちしない。東北の人の性格をよく分かっているし、頭がいい商売人はうまい汁を吸った。東北の人張某は一筆の木材商売を話し合うためにわざわざ上海まで出かけた。相手がかねて東北の人の性格を掌握した。東北の男はみんな大酒飲み

だと分かってからわざわざ何人の酒飲みの達人を誘ってお供にさせた。自分も主人役を務めて命がけで酒を飲んだ。少し飲んだら、双方は兄弟呼ばわりをし始め、家族のように仲良くなってきた。それから、彼ら二人はだんだん仲のよい友達になった。

　友達である以上、商談をするとき値段についていちいちせんさくし辛くなる。諺にもうまく言うとおり、「家にいて親を頼りにしながら、出かければ友達に頼る」。最後、張某は相手がオファーしたどおりそそくさと契約を結んだ。従って、正義を重んじるのは東北の人と商売をする最も重要なことである。

二、東北の人の地域特性を把握する

　東北の人は別のところの人に「東北トラ」と呼ばれる。こういう呼称は彼ら自身に認められているようである。人間はここから産出する大型の肉食猛獣—虎を東北の人にたとえるというのは、二つの原因にほかならない。一つは東北の人が身体が頑丈で力強くて、無茶苦茶に飲食するからである。南方都市のレストランでは、美味なご馳走がいっぱいで、思い切りお酒やビールを飲んでいる人たちは十中八九東北の人である。彼らは食べるのがたいへん勢いがいい。「豚肉ではるさめを煮込む、全力を尽くして食べる」というのは東北の人を描く専用語になった。もう一つは東北の尚武の民間の風俗である。それで、「東北虎」で東北の人の勇猛果敢な性格にたとえるのは適切である。これは東北の人が長い年月に形成してきた文化である。

　東北の人が虎のような威勢は運動場でまさにその役になりきったといえる。氷や雪の世界に身を置いている東北の人を見てみよう。マイナス二十、三十度の厳寒の中を、氷を破って寒中水泳する姿は南方の人におおいに驚かせた。それを「勇敢者の運動」と称えられた。また遼寧省「馬家軍」の東北の女が世界中距離、長距離競走試合の最良のコンディションに向かってラスト・スパートをかける何ものをも恐れない勇気を見てみよう。人々に英雄の振る舞いだと驚いて驚嘆せずにはいられなかった。尚武な風俗は体育運動の競い合いを通して昇華された。これは東北の人の勇猛果敢で負けず嫌い性格

と内在の関連があるといえる。

　ところが、彼らの勇猛果敢な性格は時々礼儀正しくない振る舞いを導く。公共場所や繁華街でともすればちょっとしたことで大立ち回りをしてしまった。よくあとの結果を考えない、傷害や殺人事件まで起こすかもしれない。東北某省某地区の裁判所の調査によると、東北地区の傷害案と殺人事件の発生率は南方地区よりはるかに高い。もっと驚くべきのは彼らが所在する地区の発生率は南方某省全体より高い。女性、女の子もせっかちで、ちょっとしたことでげんこつを見せてやる。東北の人のこういう地域性格は商業活動の中にも時々現れる。

　東北の人と商売をするビジネスパーソンはほとんど彼らが気性が悪いと思っている。二言目には合わなければ、すぐののしり始め、ややもすれば手を出したり刃物を持ち出したりするほどする。一言が話し違えば、死を招く災いを免れても、少なくとも鼻血が出るまでやられる。

　従って、東北の人と商売をするとき、まず彼らの気性について覚悟しておくほうがいい。これは東北の人と商売をする基礎である。事実上、東北の人はその点だけ認める。しかし、彼らからお金を儲けやすいのは間違いがない。東北の人は大きな金をもうけられないだし、小さな金をもうけたくない主であるから、結局はすこしも儲からない始末になる。そのため、南方の人に金をもうけるチャンスを提供してしまった。東北の人が心地がいいとき、商売をするとしてもサービスを受けてもらうとしても、うんと金を出しても一言の不平も言わない。したがって、東北の人のこの特性をよく通じることができて、気性を掌握してから相応な対策を採用すれば、商売中大きな金をもうける。

三、「東北虎」をいじめるな

　東北の人は生まれながら「虎」の気質が備わっている。言うこともずばずば言うし、やることもばりばりやるし、大胆に突き進むのは人に驚くべきである。解放前、上海では相手が東北の人であることを分かっていれば、みんな用心深くしなければならない。東北の人はたいへん勇猛でだれも彼らに逆

らわない。ところが、東北の人と商売をすれば、誠心誠意で取り合わなければならない。でなければ損をするしかない。

その例をひとつ挙げる。東北某地に一人の友達は長年にわたった奮闘を経て、少し金を溜めた。市場相場を見極めたあと、当地で一軒の四川料理店を開設することを決めた。すべて準備済みしたあと、二人の四川料理のシェフを誘ってきた。月給は５００元である。東北の人はたいへん気前がいい性格に照らして、彼が二人のシェフに一ヶ月の給料を先に前払いした。夢にも思わなかったことに、開業する前日に、二人のシェフが逃げてしまった。これで彼に目の色を変えさせた。どえらい失敗をした彼は店を閉じて、二人の友人をつれて飛行機で成都へ急いで行った。とうとう二人のシェフの住宅を見つかった。ちょうどあいつらも汽車で到着したばかりであった。その東北の人は弁解も許さなく、一度殴ってやった。二人ともしきりに勘弁してもらうまで手を引っ込めた。

東北の人は大胆にも虎穴に入り、相手の玄関まで仕返しするとはさすがに驚くべきである。これだけでは東北の人の性格をまとめられるのであろう。彼らはさすがに「東北虎」という呼称にふさわしい。東北の人のこういう特性に合わせて、彼らと商売をするとき、騙すことや狡猾なことをやられない。でなければ、彼らの気にさわったら、これからもう協力する機会がないとはまだいいが、ややもすれば肉体を苦しめられるかもしれない。

四、専横に面してもしりごみもしない

台湾の柏揚先生は『醜い中国人』の中で、かつて中国人の若干の民族劣等性を暴き出した。その中、下記の内容がある。「ただにらみつけられるや、すぐ刃物を持ち出すかもしれない」と。これは東北の人の身から徹底的に表れた。　南方の人はけんかをするとき、君子のように口だけを動かし手を動かさない場合は多数である。しかもけんかすればするほど二人とも遠ざけてしまう。たとえば、寧波の町で二人の青年がけんかしているところを見た人がいる。結局、二人の若者は口先だけで、何度も手を動かそうとするけど空威張りをするだけである。危うく殴り合おうとする一度があるけど、まわり

第三章　義理堅い東北商人

に一人の痩せる女が笛のような細い腕だけで二人を容易に分かれさせた。こんなことはもし東北で起これれば、早くも血が出る事件になってしまうかもしれない。

　東北でちょっとしたことのためにも、すぐ手を動かしてしまう。殴ったりけったりするのはまだいいが、退屈でしかたがない見物人はまだつまらないと感じている。一言に怒らせた双方は常に言い争いしたら、いきなり一回たたいてから殴り始める。かくして見物人はかえって面白いと感じられる。けんかすることに得意する東北の人は上手にけんかできる別のところの人たちといったいどんな違いがあるか。ちょっと気をつけたら東北の人はけんかするのがたいへん勇猛であることに気づくにかたくない。よそのところの人はそんな特徴はないであろう。

　たとえば、殴りあうとき、東北の人は必ず近くで武器を探し出す。地上にレンガがあるだけ決して土くれを拾わない。地上に鉄棒があれば絶対木の棒を使わない。地上に斧があるだけ決して鎌を拾わない。一番問題を解決できるなにかを探す。けんかをするときにもできるだけ急所を突く。ほっぺたを打てば決してお尻を打たない。みぞおちを打たれれば絶対足を打たない。げんこつで行けば手のひらでたたくまい。細かく思えば、これも東北の人の豪放な性格にふさわしいといえるんであろう。

　東北へ商売をしに行くよその地方の人たちはみんなはらはらしながら暮らしている。ややもすれば恐ろしい剣幕になったり、袖を捲り上げたりする向こう見ない態度と殴るなら不自由にさせなくては済まない土匪のしかたの持ち主である東北の人はどうせ人に納得できない。

　張某は東北某地で一軒の料理屋を開店した。商売はいよいよ盛んになるところ、ときどき店をことごとく略奪される。ただで飲み食いされるかあるいは逆に金を出せられる。そんなやくざの要求に満たせいと、テーブルをひっくり返されるか、夜でガラスを割られるかのいずれかである。まともの人が食事にしてくるにも、大声で騒いでしようがない。張某は恐ろしくて恐ろしくてそんなところに長居する勇気はなく、荷物を用意して故郷へ急いで帰ってしまった。

実は、逃げる必要はない。正当で道理さえあれば東北の人の横暴を恐れなくてもいい。勇敢に戦うさえすれば勝つことができる。東北の人がけんかする勇猛はよく徹底的な土匪っぽさで表れる。東北の人は勇猛と土匪っぽさでよそのところから来た人たちを脅かすのにかなり効き目がある。東北には浙江から来た施工隊が建築現場のそばにある小屋に住んでいる。いつか何かのゆえんで二人の東北の人の気にさわってしまった。この二人は単刀赴会の壮挙を演じた。　ある夕方、二人はその小屋を見つかって、恐ろしい形相で二人の出稼ぎ労働者とけんかをしようとする。その小屋に少なくとも２０人あまりの同村の人たちが住んでいたが、みんなびっくりしてぼんやりしてしまった。けんかを仲裁した人、あるいはすすんでその大胆なやつらを殴る人は一人もいなかった。その二人の若者はうんと殴りかけたあと、またそれらの人に政治的教訓を与えてあげたものである。おとなしくしなさいとか、法律や規則を守るべきとか、しっかり働くべきだとか。実は、東北の人の勇猛はいつも土匪っぽさ、横暴とつながる。東北では「３人の者が同行すれば、その中にきっと一人の土匪がいる」と言われる。

　以上のことは２０世紀の初には確かに存在した。清朝の末から、満州地区に土匪がたくさん現れてきた。彼らは徒党を組んだり、武力を組織し拡充したりした。盗賊仲間に参与した百姓も少なくなかった。土匪か庶民か見分けないほど多くあった。どの家もみんな盗賊と直接あるいは間接的なつながりがあるようであった。解放軍は東北で匪賊を討伐したとき、「順番に各家へ匪賊を捕らえるといい人を捕らえ間違えるかも、家おきに捕らえれば悪者を漏らすかも」という状況が出てしまった。これで匪賊のたけり狂った様子を見られる。

　歴史と地域上の原因で、今になっても土匪っぽい東北の人は依然として少なくはない。ここ数年来、ロシアに活躍してきた悪徳ブローカーは中国人がやはり多数に占める。そんな人たちは大胆で無鉄砲でしかたがない。一人のロシヤ側の通訳はかつて「近年お金を儲ける夢を持ちながらロシアに来た人はみんな大胆で、手段も極めて残忍だ」と言ったことがある。

　ソ連の解体によって、ロシアの各法律はみんな不完全になり、貧乏な生活

第三章　義理堅い東北商人

に加えて、確かに財物を奪うため人を殺すまでしでかす、命知らずのやからが現れた。ところが、ロシアに死んだ中国人はロシア人のやくざの仕業ではなくて、その国の法律のすきに乗じて同胞が殺しあうのである。在俄期間中こういう悪事を働く命知らずのやからは無資本の商売をし、無謀なことをあえてする。瞬く間に、一万貫の金をまとう金持ちになれる人もいる。

　商売上、まともな商売をする東北の人もときどき土匪っぽさを見せる。ある安徽商人は、図書商売を専門にやってきて、図書の業界にちょっと名が売れる。　今回、彼が商談をするためにわざわざ瀋陽へ行った。東北の人の図書商人から売り手市場の図書を一口注文するつもりであった。一ヵ月後代金を払うと双方は計画を作成した。そのあと、安徽商人は猥褻な書籍と雑誌を転売する疑いで逮捕された。しかも相関部門に重く罰金され、本屋も閉鎖された。多くの借金があるので時間通り支払えなくなった。東北商人はまた二ヶ月を待てた。まだなんの音信もなかったので、たいへん腹が立った。「俺は安徽人のやつらに騙されるもんか」と思いながら、何人の強壮な友達を誘って直接に瀋陽から芜湖へその商人の家まで到着した。

　家に入るや、何人の東北の人にドアーの反対側がロックされ、カーテンも下ろされた。暗くなった部屋の中で、東北商人はいきなりテーブルをたたいて、安徽人に話しかけた。「お前まだ否認する気があるか、俺様はいじられるもんか、今日こそ支払わないとお前に苦しみをなめさせてやろう」と怒鳴りつけた。　そんな陣立てを見てもない安徽商人は怖くて顔が青ざめ、肝がつぶれるほどびっくりしてしまった。「貴様、どうか大目に見てください。今度だけ許されたら、どんな話も相談に応じますや」としきりに相手に頼み込んでいた。すぐ家族に急いで借金をさせていかせた。いっぱい忙しくばたばたしたところやっと満額になった。両手で相手に渡せた。東北の人たちは金を数えてから何もいわなくて去ってしまった。

　これは土匪のやり方でほかならない。東北の人の「土匪っぽさ」と「横暴」によって、驚いて逃げてしまう商人は何人かいるか分からない。同時に数え切れない金をもうけるチャンスを失った。ところが、本当の商売人としたら東北の人に面しても恐れる必要もない。道理があり、利益があり、節度があ

れば彼らと順調に付き合うことができる。具体的なやり方とは下記のようである。

（1）横暴で道理がない東北の人と正面から衝突しないで、彼らに怒りを和らげさせる。効き目がなければ、一時に回避してもかまわない。

（2）その次、穏やかな手段を取る。彼にこうやるのは合理合法ではなく、やるべきではないと認識させる。

（3）同時に、問題を解決できる別の方法を考え出す。

（4）さらに、双方は別の時間と場所を決め、改めて商談する。

（5）彼らに無理な要求を出されても恐れることはない。必要があれば警察へ通報する。

五、豪快でさっぱりしてください

肥沃な黒地で育たれた豪快でさっぱりしている性格とかかわりがあるかもしれないが、東北の人はよそのところへ旅行や商売するときたいへん気前がよく、自分の小銭を騙そうとすることに全然気をつけない。したがって、彼らと商談をするとき、ちょっと贅沢にするほうがいい。

東北では一人の木材商売をする商人はいる。この人はあまり遠く出かけない。今回、友達に誘われて湖北へ商談をしに出かけた。東北の人のしきたりによれば、初対面から相手を奢って酒飲みするべきである。かくてそれらの湖北人を誘って「われわれは食事に行こう、どの料理屋がいい」と問いかけた。最後ある四川料理店へ行った。着いたら、メニューを取って見ることもなく店員に渡せ、「ご主人を呼んできなさい。できるだけいい料理をしてくれ」と言いつけた。長いこと忙しくしたが、出した料理はまともなものはほとんどない。もっと彼に頭に来させることに、料理の量は少ない―東北の大きい皿ではなくみんな小皿に盛り付けられた。どんなに白けさせるものか。その東北の人は腹たって店の主人を呼び出した。主人は「ここは全部一緒ですよ、お客様」としきりに謝っていた。彼は見回ったら、周りのお客もみんなそうである。目の前に二三個の小皿が並んで、ゆっくりと飲んでいる。ほかの人も百万の金持ちを見つかったようにこちらを見ていた。その人はまだ

怒りが和らぐことができなく、料理のコースごとに改めて一セットを出すと言いつけた。たくさんの料理が重ねて並べられ、すごく立派である。

　それから、その東北の人もよくそのことを言及し、湖北人がみんなけちだな、協力しにくいだなとからかう。一つではなく二つそろっているというように、ある友達は東北である小さくもない企業で管理課の課長に務めている。課長というのは、工場長の手下に近くただの事務員だけである。ことごとく工場長の一言で決められるので、友人がただ空っぽな肩書きだけを持っていて、何の用もない。彼はいっそ仕事をやめて深圳へ行ってしまった。3年後、故郷に錦を飾るようにでき、一万貫にまとう金持ちになった。仲間に対する男気を表すために、長春にかなりよいダンスホールで宴席を設け、三万元も使ったので、たいへん立派であった。会社員である友人たちにおおいに驚かせた。これは東北の人の豪快でさっぱりした個性である。それで、東北の人と商売をするとき絶対けちけちしないでください。出すべきところ猶予なく出す。そうすると、彼らと順調に商売をでき、うんとお金を儲けられる。

六、商品を販売するとき商品名の先に「大」を加えておく

　地域文化は経済と緊密な関係を持っている。「各地異なる自然環境と文化背景による、人間の生活もたくさんの差異が生まれた。生産面においては、精巧な南方の製品に対して、北方のは丈夫である。」とある経済界の人士はそう思われる。言外の意味とは、東北の製品はやはり大きくて質が粗いことである。

　ところが、東北の人は「大」という字に対して相変わらず愛情が深い。ハルビンに行ったことさえすれば、およその料理屋には値段としても量としてもみんな食べ出がある。同じくらいな料理でも、皿は南方の小皿より3倍もあり、値段は比較的に安い。この点だけから東北の人の豪快で荒々しい個性を窺える。　これはたぶん「どんぶり酒を飲む、がぶりと肉を食べる」という古い風俗から由来したものであろう。

　ある東北の人はペキンへ商売をしに来た。4つ星のホテルに住んでいて、そこの食事は全国各地から異なる風格の料理で予め手配されておいたもの

ある。料理の値段や量のことはさておいて、そちらの東北の人に我慢できないことには、飯茶碗が小さすぎることである。最初の二度食事に遠慮していたから、食い足りなかった。食事のあと、彼は急いで街頭の売店に一度補充しなければならない、でなければ一日中元気もない。最後、彼がとうとう我慢できず、「われわれハルビン人は鳥を飼うときだけこんな小さい碗を使うしかないぞ」とその碗を捨てて、一つ大きな皿を引っ張ってうんと飯を盛りて食い始めた。

また、あるハルビン人は南京へ出張したことがある。一杯の千切り肉の面は6元も要る。面は多くはない、一度箸で掬い上げきられる。残った汁はまだ一杯ある。料理店の主人が慇懃に招待してくれるので、彼は別に愚痴を零しなかった。しかし、ハルビンではどんぶり手打ち面もただ3元だけもらう。腹がいっぱいにさせることが確保できる。

そこで、ハルビンでレストランを開店すれば、お客によく食べさせるのは一番聡明なやり方といえなく、お客に腹をいっぱいにさせるのは重要である。そうしてからこそいい商売ができる。ハルビン人は飯の量は大きいだけでなく、しかも思う存分に飲み食いすることが大好きである。主食さえもみんな形が大きい。「ハルビンのパンは鍋蓋のみたいに」と言われる。それは確かである。パンだけでなく、饅頭の形も大きくてたまらなく、普通一つは四両もある。ヨーティアオも粗くて長い。最大のは半メートルもあり、腕のように粗い。シャオピンも大きくてしかたがない。飯茶碗も皿も大きい。その場に身を置いてはハルビン人の豪快でさっぱりした性格を感受できる。

ハルビン人は「大」という字が大好きのようである。人にあだ名をつけるにもよく「大」という字を加える。主食の呼称の中にも「大」を帯びている。たとえば、「大饅頭」「大肉饅頭」「大餅」等々。人の呼称も「大」がよく使われる。「大女」「大男」「大若者」「大工場長」等々。日常用語にもよく「大」を使う。「ダイトウサイ」「大味噌汁」「大白菜」のような呼び方がある。ハルビン人は「大」に対して自然の好きである。よその地域の人はハルビンで製品を販売するとき、「大」を加えておけばもっと良好な効果が得られる。

第三章　義理堅い東北商人

七、何の逆らいもせずに体裁を立ててやる

　中国人はみんなメンツを重んじる。体面のために他人と競うことにいろいろと思案をめぐらせる。体裁のよいことを選んで自分を飾り立てることが好きである。人の見ているところでも見ていないところでも自分をいい人と飾っていて、こましゃくれている様子でもかまわない。それはもともと人情の常である。

　ところが、その点について東北の人は南方の人と大きな差異が存在している。　東北には、人間が形式上の尊厳をもっと気をつけている。体面さえたてばお尻を剥き出しにしてもかまわない。それに対して、南方の人はとりわけ商売人は人が見ているところであるかどうかかまわず哀れみ深そうなふりをすればそっくりでなければならない。目的に達することができれば、大声で「旦那様」三唱もできる。

　商売上の現われといえば、南方の企業はいい実益があっても帳簿に反映されないに反して、東北の人はちょっとした実益があればすぐさままことしやかな大ぼらを吹き始めた。従って、南方の人は東北の人よりさらに高級な生存手段を持っている。立派な男子なら、わかりきった災難を避けて行くのは機転が利く現れである。しかもその昔から伝わってきた訓戒を脳裏に焼き付けたり、実際活動に活用したり、有効な生存法則になった。

　ところが、東北の人はそうではない。メンツのために東北の人は何もかも顧みない。ときどきそれらの男はアダルトチルドレンで、理知になるべき６０歳あまりになってもメンツのためならとぼけてしまうかも知れない。メンツにこだわる心理状態は若者ほどちっとも劣らない。若者はいっそう言うまでもない。

　東北の人と長く付き合えば、彼らに対して何の逆らいもせずに、体面を立てさせ、虚栄心に満たせばお金を儲けられると南方の人はいよいよ分かってきた。　東北では、人間は苦しみをなめることができるとはいえ、やむをえないことにほかならない。一般にしていえば、懐が寒くなければ、食べられる飯があり、飲まれる酒さえあれば、面目を失うことを大抵しないのである。

ある年、ハルビン市政府は失業青年の就職問題を解決するため、ただで手動式の靴を修理する機械を割りたてた。失業青年に生活費の出所を解決するために、街頭で靴を繕う仕事を手配した。靴を修理するのはかなり儲かる仕事である。偽物の靴がたくさんあるだし、都市人の活動量も多くなったに加えて、ハルビン人は小銭にけちけちしないので、靴を繕うのは大きな金をもうけられる仕事である。

多くの南方の人はこんな仕事をするために妻子を連れて遠路はるばるハルビンにやってきた。機転が利いて謙虚な南方の人は大きな金をもうけ、故郷でビルも建て、モダンな家具を一式買い入れた。ところが、当地にはそんな多くの失業青年がいるのに、こんな仕事をするなら面目を失い、自尊を傷付けると思っていたためしたがる人は一人もいない。

東北では、体裁にこだわりすぎる人はかなりいる。金があるとき、贅沢消費なんかして自分の体裁を飾ったりはでにふるまったりブランド服装を着たりする。金がないときにも、反省するどころか、自分がかつてどんな食べ物を食べたか、どんな服装を着たかを吹聴立てて、光栄極まらないと思うようである。

「おろかな性格の持ち主、計画苦手でありながら、無精に慣れていて、力を入れる仕事をすべて避ける。ややもすれば人群れが酔っ払ってしまう。一日中全部の財産を使い果たせ、何の貯蓄も残られない。」と評価した通りである。東北の人のメンツ観念は行き届く面まで現れている。

商業センターをふらついてからきっと一定の感受をもらえる。ある従業員が人に軽視されることを心配するようで、態度が傲慢で冷たく、ひどくてしようがないことを気づける。両手がカウンターに支え、支配的な地位に居る顔をしている。あの軽蔑満ちた態度に面して、お客さんはいつも微笑みながら「お嬢様、迷惑をかけてすみませんが、どうかその服を渡してくださいませんか？ありがとうございます、恐縮でございますな」と謙虚に頼んだ。こういう倒錯な態度は非常に効き目がある。店員がすぐ笑顔に転じられ、お客と親友になれる可能性もある。従って、東北の人と商売をするとき彼らがメンツを重視する心理を掌握しなければならない。

（1）まず、彼らを尊敬しなければならない。彼らを大切にし、できるだけ多くの感情投資をすればするほどよい。

（2）商業活動の中に、相手の体裁を考慮しなければならない。彼らの体面を傷付けることはしない。

（3）ブランド品、身分を示せる高級品、新しい商品は東北地域で往々として売れ行きがいい。

（4）東北の人と順調に商売をしたければ、お世辞を言うのはかなり効果がある。

八、よその地方の商品、舶来品の看板をする

　ほかの多くの都市と比べて、ハルビン、長春、チチハルのような東北都市はたいへん若い。清朝の末、「山海関以東の地」を開拓したときに建てられてから今まで百年くらいの歴史にすぎない。都市の若さは多かれ少なかれそれらの都市の市民にコンプレックスを感じさせる。自分が住んでいる都市は若すぎである。豊富な歴史文化の淀みがある古代の長安としての西安、古代の金陵としての南京、古代の燕京としての北京に及ばない。若すぎる東北地方の文化背景によって、当地の人たちは外を崇拝する心理が生まれた。

　ハルビンでは、もっとも人に納得できないことに、三四十年来ハルビン人はずっとわけがなく当地製品に気に入れないことである。とくに服装、靴、帽子、日用品、自転車のような商品に対して甚だしい。数年来人に理解しがたい通念を形成した。モダンな人、上品な人、教養がある人は当地生産の衣料品を何一つも着ない。身分がある人はほとんどよその地方で生産された服を着ている。　改革開放する前、ハルビン人は北京、上海のファッション服装にあこがれていた。開放以来、彼らはまた広州、ホンコン及び海外のファッションを尊ぶようになってきた。彼らの審美観念によると、外地の服装を着るだけきれいで上品になれる。

　ほかの日用品の取捨選択においても、ハルビン人は外地の製品が好き、当地の商品を排斥するきらいがある。ハルビンは５００万人もある都市である。これは大きな消費市場に違いない。ところが、この都市の人たちはいつも土

地の産物を無視し、みんな当地消費市場の裏切り者である。結局、土地の産物は外で市場を打開できないばかりでなく、当地の市場優勢までも失った。ハルビン人は外を崇拝するほか、思わず知らずにマネをする傾向がある。

たとえば、ハルビン人は当地のなまりを言うのに恥ずかしく感じている。よく「ばかによい」で何かのすばらしさを形容するが、とうとう「とてもいいや」に変えてしまった。もっと話にならないことに、自分は広く世間を見たことを証明するために、いっそ広東っぽい普通語に学んできた。こういう外を崇拝する心理からみれば、外地の商売人は彼らの消費心理と審美観念を捕らえれば、ハルビンに業務を開拓するのはきっと儲かられる。こういう情況はハルビンに限りなく、東北で普遍性をもっているといえる。

「大連の着倒れ、広州の食い倒れ」という諺があるように、広州の食べ物と大連の服装はいかにも有名である。「大連の食い倒れ」とは大連の人が身なりを重んじ、服装の品位を追求するという意味合いである。以前から、大連は「服装の王国」と呼ばれてきた。「お腹にトウモロコシ、ズボンもいい生地」という言い方から、大連の人が食べ物と服装に対してどっちを重視するか見られる。かといって、大連の人は当地の服装を嫌がって、南方のにたいへん気に入る。

東北の人は外地のスーツが好きだけでなく、コート、セーター、下着、靴下とブラジャーまでも気に入る。外地の製品でさえあれば、東北の消費者の興味をそそられる。それは東北の都市ですでにある種のファッションになった。こういう取捨選択は事実上に東北の製品は質がどんなに劣等かを説明できなく、決してそうではない。これは都市の人たちが外を崇拝する文化心理の反映にすぎない。東北の人のこういう劣等感と盲目に外を崇拝する心理によって、ほかの省の商売人は大きな金をもうけた。そこで、東北の人と付き合ったり、商売をしたりするとき、下記のことを注意するほうがよい。

(1) まず、上手に外地と外国の看板をする。いっそ外地の人の身分を消費者に見せてやる。

(2) 商店の看板上できるだけ外地や外国の地名、特色を示す。お客を引き付けるために自分は当地の人ではないことを明らかにするほうがいい。

(3) 同時に、商品の広報に工夫し、できるだけ東北の人の外を崇拝する心理に迎合する。そうすると、東北できっと満載して帰ってくる。

九、東北に商売をするなら、驚くべき酒量がなければ立脚しにくい

　東北の人は寒い天気のせいで、「どんぶり酒を飲む、がぶりと肉を食べる」という習慣を形成した。いつも熱情をこもってお客にもてなししてあげ、けちけちしない。お客にみんな我が家に帰ったような感じをさせた。思い切り酒を飲んで、酔っ払うまでとまらない。「感情を痛めるよりむしろ胃を痛めるほうがいい」というのは東北の人が宴席上の座右の銘である。

　東北の人は宴席上のいつになく熱心と豪放はよく外地の人に怖い感じを持たせ、聞いただけで恐れる程度まで発展した。東北某市のある外国貿易会社は外国商人と総額が３００万ドルもある重要な契約を結ぶ。契約する前の宴席において、社長は協力する誠意を示すため外国商人に媚へつらった。さまざまの手段を使って酒を勧めたところ、相手を酔っ払わせ病院まで運ばれてしまった。そのあと、外国商人はそのことを思うたびにびくびくする。東北の人の豪飲の名声はすでに海外まで聞こえるようになった。ヨーロッパのドイツ人、フランス人、ロシア人にちっとも劣らない。東北のハルビンは以前から「ビールの城」という美名があり、ここで、ハルビン人の酒量はときどき外国商人を驚かせる。

　二人の若者、夏の土用に、小さな居酒屋で２４瓶のビールを飲みきったのもありふれたことである。ハルビンでは、もしあなたが一瓶の酒量しかなければ、それは苦しいことになる。一瓶の酒量では食卓の前に座ったら、たいへん体裁を立たないと感じるかもしれない。話すのも底力がなく、振る舞いも太鼓持ちのようである。

　広東から一人の商売人は東北に商談をしに来た。食卓に、彼は大酒飲みの前に、体を曲げながら、裏切り者のように誠心誠意に、いや、哀願に近い方式で自分がなんで酒を飲めないか絶えず解釈した。自分が先天的な心臓病、冠状動脈心臓病があると解釈した。最後、ポケットから薬瓶を取り出して、

在席している人にいちいち見せてやった。しきりに自分の病状と医者さんの指示を話し、自分の誠実を示そうとした。ところが、やはりその場にいた人々の同情と理解を得られなかった。

　ある意味でいえば、一つの民族の深層文化構造は往々として同民族の飲食構造に決められてあるといった人がいる。こういう言い方は道理がないとはいえない。確かに、お酒は妙なものである。中国人にとって、「杯を捧げるや、政策は緩やかになる」「お酒を飲み、肉を食い、政策は心の中に」「わが酒を飲めば、手を挙げたがらなくても挙げる；わが酒を飲めば、うなずきたがらなくてもうなずく」。特に東北の人はそんな性格である。東北に商売をしたければ、驚くべき酒量がなければ立脚できない。もし本人が酒量がなければ、一番よい方法は大酒飲みの助手を連れて行くのである。これは東北の人の商売場で許されるやり方である。

十、お酒がなければ商売になれない、酒席で商談をする

　東北では、五人くらいの友達は集まって、四十か五十瓶のビール及び相当の量のお酒を飲むのは非常にありふれている。東北の人は外地に商売をするとき、よく何人か連れたっていて、飲みながら南方へ行く。一度青島では、幾人の東北の人はいっぱい料理を注文し、その日気持ちが特によかったせいか、ビール瓶がいっぱい並んでいたほど一生懸命飲んだ。レストランの主人はすぐ敏感になって、悪者かなんか遭ったのか心配したので直接に警察に報告した。二人の警官が入るや否や、悪者が不義の金を奪ったあとの祝賀会であろうかとびっくりした。問いかけたら、東北商人は事情をちゃんと説明した。警官は「東北」と聞いて、心中の疑いもなくなり、安心して離れた。

　東北の人はお酒が好き、酒を飲むのに得意するが、酒を飲むのに規則もある。これは商売においても違反できないしきたりである。たとえば、ハルビン人は酒を飲むことにおいていろいろないわれがある。外地で、特に南方地方でビールを飲むとき、四瓶のビールが食卓に並んであり、人々がお酒を飲むように少しずつビールを味わう場合がかなりありふれている。ところが、ハルビンに一つの食卓に四瓶のビールしか置かない場合はただ二種類があ

る。一つは葬儀後の食事。死者に出棺してあげたのち、みんな疲れたのでちょっと休んだとき、少し飯を食ったりビールを飲んだりする。みんな悲しくて飲み食いする気はないから、ただ四瓶のビールを並べるわけである。もう一つは会社持ちの食事。指導者たちが臨時的に手配した食事である。用事が待っているから、渇きをいやすために簡単に四瓶くらいしかのビールを並べ、飲んだらすぐ仕事に突入する。

ハルビンへ商売をする外地の人や外国人としたら、もしハルビンで役に立つ人に酒盛りをすれば、決して四瓶だけビールを並べてはいけない。そうすれば、在席しているハルビン人にあなたが誠意がないと勘違いをさせるかもしれない。相手がぷいと立ち去ってしまう。そんな時では、店員に一箱のビールを食卓のそばに置かせるべきである。お客に自分の酒量に応じて自由に取られるようにする。それに、本人も、あるいはあなたの助手、少なくとも一人が大酒飲みでなければならない。これは絶対簡単な飲み食いではない。こういう親しみを感じさせる豪飲は厄介な問題を解決するのに肝心な役割を果たせる。

東北の人にとって、商売をすることは酒を飲むことと緊密な関係を持っている。お酒がなければ商談もまとまらない。多くの大商談は酒宴にまとめられた。　外地へ投資するなんかことをするハルビン人に招待されば、もてなししてくれる相手が大酒飲みで、金遣いが荒くて信用できない粗忽者だと誤解しないでください。それはただ一つの都市の習俗だけである。

東北の人は義理堅く、友情を重んじる。彼らと商売をすれば先に感情の絆を結ぶほうがいい。それから、お酒を飲むにつれて感情もだんだん深くなるわけである。東北の人から見れば、お酒を飲むのは感情の深さをはかる基準である。「感情が深ければ一気に飲もう、浅ければ少しずつ味わう」。だから、東北の人と商売をするとき、もし酒量がいいなら、あるいはもともと酒を飲めなく、その場に必死に飲めれば、あなたにきっとある種の報いを得られる。

お酒を飲むことを通して、東北の人の信任をもらえる。相手が実際で付き合い甲斐がある人だと思われれば、何かことを彼らに頼めば、青信号を開けてくれるし、どんな便宜も図ってくれる。それらの酒を飲めない人、あるい

は控え目にお酒を飲む人はよく在席の人たちの反感を起こしてしまう。その人は彼らに虚偽で誠意がなく、気を回しすぎ、付き合い甲斐がないやつだと思われる。これからどんなことをやっても、順調に行くわけがない。

十一、東北商人の多くは料理屋を開く

　豪快な性格のおかげで、東北の人は毎日毎日飲み食いしたくてならない。新年や祝日に、東北の人の大盤振る舞いはさらに甚だしくなる。東北の農村では、春節のたびに家という家は豚をしめる習慣がある。朝、豚のほえる声が聞こえれば、お昼のことをもう心配しなくてもいい。やはり、お昼にならないうちに二人の子供がお呼びに来た。「おじちゃん、おばちゃん、お昼我が家に豚肉を食べてくださいな」と。ご主人もいつも遠慮しながら、「あんたの家の豚は脂身はどのくらいあるか」と子供に聞く。「お父さんは指二本半幅というが、お母さんは指二本幅があるといった。私にも分からない」。それで、お昼にも火をつけなくて済ませる。隣近所が再び呼んでくるとき家族全体で食べに行く。

　東北では、ぶたをしめる家は村の人にもてなしをしなければならない。豚の後足や前足を切って、はるさめと大根と一緒に鍋に入れ、鍋いっぱい煮込んでから、料理をどんぶりに盛って人ごとに渡す。みんな思い切り食べてから何もかも片付けないで帰ってしまう。帰ったあと、みんなげっぷをしながら主人に対して評価することも忘れない。「気前がいいな、張さんは、たくさん肉を入れた」。あるいは、「秦のやつ、本当のけちん坊だな」等々。村で豚をしめるたび村人も一緒に豚肉を食べられる。一頭の豚は一日に四分の一か六分の一を食べられる。贅沢に飲み食いすることにかけては東北の人はさすがの腕利きである。

　今、人間の飲食品位が高まった。東北のある都市にも、至る所売店が見つけられる。北京や南京にも料理店が多いにもかかわらず、東北の売店の繁盛に及ばない。北京に当地や外地の人によって開かれた料理店はたくさんあるが、商売が不景気のは多数を占めている。お客が少なく、飲み食いの時間も東北の人の足元にも及ばない。

東北の人が大盤振る舞いが好きなので、外地から東北へレストランを開く人は数え切れないほどいる。今になって、東北のいずれの中小都市においても全国各地の異なる風格の料理を見つけられる。四川料理、広東料理、山東料理、江蘇料理…何でもある。外地の人は東北の人が贅沢な生活習慣を捕らえ、うんとお金を儲けた。東北の人はみんな気前がよく、金遣いが荒いといわれても、東北でレストランを開くのに、一定の優勢をもたなければならない。

　一つは繁華街に位置する。ここは行き来が盛んで、人々が集まっているところである。お金を儲けることも当たり前で、商売はきっと繁盛になれる。もう一つは、工場や機関の付近に位置する。さらに、もし行政機関や会社と連携関係を持てば、レストランの繁盛も確保されることになる。日曜日のたび、機関の付近にあるレストランはいつも込んでしかたがない。

　東北の人は派手を好み無駄遣いをするときいつも自腹を切るというわけではない。往々として国家の金を気前よくばらまき、公金で支払う場合が多い。一人のレストランの店主はこんなやり方をよく分かっている。食卓いっぱい料理を注文できるのは公金で支払うことが間違いない。酒を飲む人はさまざまで、雰囲気が極めていいのは公金であることに相違ない。小切手を振り出し、領収書をもらうのはきっと公金で支払う。そんな時であったら、店主もいつも特殊な世話をする。勘定するとき１０元か２０元か増やしても絶対問題ない。帳簿をチェックする人もないし、国家の金だからけちけちする人もいないからである。だから、商売もいよいよ盛んになるわけである。どういっても、料理の量が大きくしなければならい、大きい皿やどんぶりで盛るほうがいい。そうすると、東北の人に満足させられる。味がよくて値段が安いからである。

十二、小さな金をでも稼ぐ

　東北の人は派手にふるまうことにかけては腕利きであるばかりか、小さい金をもうけたくない癖がある。大きい金をもうけられない、小さい金をもうけたくない東北の人がいる。彼らと商売をすれば、これには大いに工夫を凝

る余地がある。あるハルビン人は３０歳の山に越えて、まだ何事も成し遂げなかったが、いつも鳴り物入りで大きな事業を起こして見せてやろうと言い続けている。今日は１００万元を貸付る、明日は５０万元を貸し付ける、あっさてはまた金を貸し付けなく、裸一貫から身を起こすと毎日ふらふらしながら何もできない。お酒をたくさん飲んだり、無駄話をたくさんしたり、大法螺を吹いたりしたけれども、実際行動は全然取らない。見ただけで人にいらいらさせる。「南方の人に学んでみたらどう？朝早くから夜遅くまで地道に仕事をしたらどうだい」と言うなら、彼らはきっと顎を高く挙げ、鼻が天に向いているようになって、「ちぇ、彼らに学ぶなんて？そんなことはできるもんか。むしろ俺が餓死になってもそんな苦労をするつもりはない」と声を出す。

　ここ数年、東北にそんなに大量の出稼ぎ労働者がなだれ込んだ。東北の人が小さな金をもうけたくない特性をつかんだので、靴を繕うとか、屑拾いをするとか、露店をするとかすることによって大きな金をもうけた。東北の人はみすみす彼らがお金をたくさんポケットに入れさせたが、やはり身動きをするのがおっくうである。靴を繕うのは面目を失う、ばた屋は汚すぎる、露天をするのは大きな金をもうけられない、建築をするには疲れすぎる、東北の人の心理にぴったりする仕事は一つもないようである。瀋陽では一家の労働者がいる。すごく貧乏な暮らしをしている。豆腐は値上がりする前に毎日毎日豆腐を食べていた、値上がりしたあと漬物ばかりかじっていて、気の毒でならない。ある人は「どうしてこんな始末になったのか」とその妻を聞いたそうである。聞かなければいいのに、聞いたら彼女は腹にあふれんばかりの不平不満を言い続けた。

　「死に損なった夫が、工場が一年中休みばかり、給料も全然もらえないから、彼はまた三輪車を買い入れ、輪クタの車夫をし始めた。三日坊主の短気者だから、すぐ疲れただの、汚れただのとやめたくなるんだ。酒飲みでときどきマージャンもするやつだ」といろいろ愚痴を零した。

　道理からいえば、車夫をするのはたいへん儲かる仕事である。一日に少なくとも２０元か３０元を儲けられるべきというが、彼はどうしてもやりたく

ないである。儲けられるのに儲けたくないなんて、南方の人にはどうも不思議なことであろう。山東省からきた一人の男は喜んで三輪車を踏んで街中を走っている。「東北の人のお金を儲けやすいな、身動きさえすればお金がどんどん来るや」と言った。春先になっては先に故郷に帰って種まきをして、それから野良仕事が少ないうちに東北へ金をもうける。6月になったらまた山東の故郷に帰って収穫する。こんな富んでいるところに本当に気に入るなと彼は感嘆した。

　東北の生存条件は江南水郷と違っている一方、顔が土地に向きながら背が天に向く黄土高原とも違っている。東北は人が餓死できないところだとみんな分かっている。ただ身動きすれば腹いっぱい食べられる。これは東北の人の惰性を培ったわけである。延吉という小さい町に、「外地の人労働力市場」という場所がある。外地の人とは実際南方から来た出稼ぎ労働者である。何百人もあり、毎日市場で雇い主が来るまで待っている。その代わり彼らは仕事の口がないことを全然心配しない。

　この町に一つ特徴がある。それは金がある家庭がちょっとしたことがあればすぐ他人に手伝いを頼む。たとえば、プロパンガスのボンベを1階から5階まで運ぶのに3元を与えたらどう、同意すればすぐ行こう、だめならまた2元を増やす。要するに、力の及ぶ限りの仕事でも他人に頼む。だから、出稼ぎ労働者の隊列がどんどん壮大になってきて、しかし、その中に東北の人の姿は一人もみられない。

　東北の人はそんな仕事をすることに値しないと思っている。いわば、東北の人はこんなの卑賤な仕事をしたくない。「三ヶ月金をもうける、三ヶ月正月を迎える、六ヶ月暇である」というのは昔の東北農民たちの生活についての生写しである。改革が進めるにつれて、たくさんの人は農村から都市に来てサービス産業に従事する。商店を開くとか、露店をするとか、運送産業に従事するとか、バイトするとか、ところが、小さい金をもうけたくない東北の人はやはり多数を占めている。

　東北の人はもう一つの特徴がある。冬には働かないということである。東北では、金をもうけられた人がある一方、いつも貧乏でたまらない人もいる。

でも、どんな境遇に身を置いても、冬になってはみんなマージャンをすることに夢中になる。実は、冬になっても金をもうけられる道もたくさんある。厳寒で雪がひさしくらい積もっている外を出て働くのはたいへん苦労であるので、むしろ金をもうけるより家にじっとするほうが気分がいい。金をもうけられるくせに儲けたくないなんてことは外地の人にとって不思議なことだかもしれないが、東北の人はすでに慣れたようである。そこで、小さい金をもうけたくない東北の人は大きな金をもうけるわけがない。

　小さい金をもうけたくなくて怠ける東北の人の特徴に合わせば、機転が利く商売人が小さい面に立脚したり頭を使ったりすれば、東北の人の金をもうけられるに違いない。たとえば、小さな商売をするとか日常生活から起こすような。

十三、騙されないように用心しよう

　剽悍な性格と素直な個性のおかげで、精細で智謀にたけている外地の商売人に警戒心を緩めさせ、相手が知能指数が低い者だとよく誤解させる。結局、やはり自分自身が損をする始末になる。

　商品経済の発展とともに、沿海各省の経済が速やかに躍起した。南方の人はみんな機転が利いている生まれつきの商売人でありながら、一番先に海外に学んできたことに加えて、観念が新しくて手づるが多いから自ずから市場経済の前列に立ったわけである。商品意識が浅薄で観念が古い東北の人はどうしても時代遅れになってしまった。みすみす他人がうんと大儲けしたことに、彼らもだんだん均衡を失った。それで、商売をする人もますます多くなってきた。脱サラしたあと、外の世界は素敵でありながらどうしようもないところがあると彼らはすぐ意識した。商売は想像よりかなり難しく、福の神がいつまでたっても世話をしてくださらないし、追い詰められて無謀なことまでした人も現れ、脅しごまかし、かどわかし、かたりという悪事をするようになった。

　金を崇拝する風潮の影響を受けて、現金である東北の人は少なくない。お金を得るため手段を選ばないやつもいる。詐欺、略奪、汚職、収賄、どんな

第三章　義理堅い東北商人

手段もある。「東北に騙りが多い、しかもみんなペテン師である。脅し、ごまかし、かどわかし、かたり、何でもある。商業道徳は少しもない。」とふざけた人もいる。これはちょっと言い過ぎたが、道理がないわけではない。吉林省図江市宇全工業貿易会社の社長として韓玉姫という「女企業家」は、１９９０年―１９９２年の間、人間の金をもうけたいと心から思う心理と不完全な金融体制の隙をねらって、高い利子をえさにし、民間から３億元も資金を騙し取った。９万人未満の辺境にある小町で彼女はなんて３億元も騙し取ったものである。天文数字といえるであろう。多くの市民は一生の貯蓄も騙されてしまったという。もともと「万元戸」であったのも一瞬貧困戸になってしまった。騙り取った資金は彼女に思う存分ばらまかれた。彼女がホンコンで住んでいた専用室も宿泊料は一日３０００元もある。北京長城機械電気器具科学技術産業会社の社長、代表取締役であり、全国を沸き立たせた瀋太福は吉林省の人である。彼に操られた１０億元の詐欺案は国民にとって深い教訓になった。

　南方の人と比べれば、東北の商人は一番大きな特徴とは騙す勇気があるとか、上手に騙せるとか、あらしのような詐欺もあえてするとか、ペテンに大きな金を賭けられるとかということである。商売人として東北の人は確かに無能であるといわれるが、詐欺者としてはみんな腕が優れている。商品の流通は市場経済に一番重要な部分である。東北の人はさまざまな手段を使ってあちこち詐欺を働く。彼らが人を騙すやりくちとは大体下記の種類がある。

　（１）証明書類がそろえておいて、大きな話を言う。

　詐欺者はいつも営業許可書、法人委託書、紹介手紙などの証明書類がそろえているほか、多くの商業部門とかかわりを持っていて、豊富な資金があると吹聴たてる。工場側に安心させるために、貨物がつき次第すぐ代金を支払うとか、何万元はたいしたことでもないとか言う。工場側に代金を受け取り次第すぐ出荷すると要求されたら彼らは会社にすぐ電報為替すると電話をかける。実際に、臨時的に集まった「経営部」なので、資金なんか全然ないから、彼らは常に掛けで騙し取るのである。

　（２）少数で多数を騙る。東北では、不法な分子は少し予約金や一部の代金

を前払いするという「雑魚で鯛を釣る」という手段で大口の貨物を騙し取った。彼らはよく１、２万元の予約金を前払いして６、７万元の貨物、あるいはもっと多くのを騙し取る。それから投げ売り値で貨物を処理し、結局３、４万元の総額を手に入れる。工場側は代金の催促に来たとき、彼らはいつもずるくて認めない。

（3）わざわざ売れ残りの商品を買う。注文量も大きい。不法商人は企業側が売り残りの商品や過剰在庫品を急いで売り出したい心理を捕らえ、こういう商品ばかり買い入れる。特にそういう高級で長期的な売れ残りの品物。彼らはよく注文量が大きく、しかも企業と値段を掛け合わない。こういうやりくちを使う不法な分子は、成功できれば工場側に大きな損をかける。失敗すればすぐ逃げてしまう。

（4）甘い言葉を並べ、人をわなにかける。不法商人はいつも誠実なふりをする。その実益がどんなにいい、どんなに有名であるか、資金がどんなに豊富かをいいながら証明書類を取り出す。この一口の貨物は１０日間に運ばなければならない。貨車とともに業務員も派遣でき、貨物がつき次第代金を支払えると保証する。ある企業は相手に言われた通り代金を受け取らないうちに貨物を指定場所に運ぶ。貨物は引き出されたあと、代金はいつでも取り戻されない始末になる。

（5）知り合いの紹介、関係によって詐欺を働く。ある不法商人は新しい土地へ行く度当地の飲み食いの友達を探す。彼らにリベートや配当を与える条件で、当地の工商企業と関係をつけてくれる。それから、工場の製品や商業部門の金を騙し取る。

（6）各種の会議に参加する名目のもとに詐欺を働く。交易会、展示即売会、商談会において、ある不法な分子はすでに電信為替をした見せ掛けを作る。もし彼らを信じれば、必ず悪者のわなにはまり、損をするに決まっている。

開放な時代は人々に事業の成功を追及することにチャンスを提供した一方、騙りに隙間を残っている。騙りも絶対阿呆ではない。人を騙そうとすれば、絶えず自分の詐術を更新する。ペテンをもっとずるくさせ、内容ももっと広くさせ、手段もありとあらゆる変化をするようになる。そのゆえに、経

営に得意な商売人は、東北の人と商売をするときいつも警戒心を持たなければならない。接触する物事には慎重に対応しなくてはいけない。

　正々堂々に商売する東北の人は多数を占めているのはいうまでもないが、彼らは義理堅くて信用がある。ところが、東北の商業界には確かに不法商人が存在している。「人を害する心はあってはならない、人を防ぐ心はなくてはならない」の通りである。これは正当でありながら、人と付き合ったりことを処理したりする道理でもあり、さらにすべての経営者と商売人が備わるべき素質と能力である。騙されることを防止するためなら、下記のことに注意しなければならない。

　(1) 欲張りするな。思わぬ大金を手に入れる心理をもてはいけない。

　(2) 自分の弱点を相手に暴露するな。よく言われたように、臭い物にははえがたかる。騙りはいかにも経営者の弱点を利用して詐術を働く。

　(3) 商売をするとき、あるべき警戒心と冷静な頭を持たなければならない。

　経営者が騙された急所とは、騙りの詐術の前に頭脳がはっきりしなくなることである。

　(4) 商売上にあるべき理知がなくてはならない。衝動しない、麻痺しない。

　(5) 相応な対策を工夫する。

　邪悪の勢力が強くなれば、それだけ正義の勢力も強くなる。経営者は詐術に相応な対策を採れば、ずるい騙りに勝てるに違いない。とりあえず自分の弱点を十分に認識してから、騙りの慣用な詐術と正体を掌握してください。そうすると、自分は聡明になれ、悪者のわなにはまらなくなる。

第四章　安徽商人の文化と山西商人の倹約

第一節　商業を文化的に行う徽商

　安徽商人は「尚文」の伝統がある。彼らが教養がある商人に育たれた。安徽の商人も企業の成功を官界に託す。安徽省の北部の人たちは商売をするとき、信用がありさっぱりしている。ところが、契約観念が強くないので、法律の紛糾を起こしやすい。安徽省の中部の人たちは商業的な頭脳があり、安徽の大商人多くはここから誕生した。安徽の商人は長期的な経営の中に、「誠」「信」「義」「仁」の商業道徳を形成した。

一、できるだけ文化を看板にする

　安徽商人が現れるところは文化が必ず繁盛してくる。歴史において、安徽の商人は商業界に全局面を左右できる影響を及ぼしたので、「徽商」と呼ばれてきた。「徽商」の中に博学の士がたくさんいる。珠算大家程大位は商売人でありながら学者でもあった。彼の学術成果は海外まで知られた。大商人鮑廷博は商売をするとともに儒学の勉強も忘れなかったので、やっと名高い蔵書家になった。彼は挙人になったときもう８０歳を越えたものである。
　歴史において、安徽の商人は自分の後代に儒学を勉強させ、科挙試験に参加させる。後代の教育問題を十分に重視していた。彼らは豊かな財産があり、

第四章　安徽商人の文化と山西商人の倹約

経験が豊富で知識も広いので、平日に子孫に儒学の経典と詩文を勉強させ、上手なれば彼らに科挙試験に参加させ、政界に身を置かせる。婺源の人李大祈は少年のところ詩文を専攻したことがある。そのあと「脱サラ」して塩商人になった。安徽、揚州、湖北、湖南省の間に往復し、懐もだんだん暖かくなった。自分が少年のとき学業をおろかにしたことを思い出すたびに、なんかあきらめられなかった感じがした。それで、自分が金を出して塾を開設した。名高い先生に教われ、自分も絶えず催促したところ、その息子がやっと科挙試験に合格した。彼はやっとほっとしました。安徽には、李大祈のような商人はいくらもいる。徽州当地では、「十里四翰林」「一門九進士、六部四尚書」のような物語は枚挙にいとまない。

　安徽の金持ちは自分の子孫に政界に身を置かせるためにいろいろ工夫したというのは目的が相当明らかである。子孫が役人になったら、家族全体の社会地位を高められる。もっと重要なのは、朝廷に人脈があれば、商売をするのに有力な政治的な保証がつけられるからである。商売をしながら儒学に熱心し、商売人でありながら儒生でもあるというのは安徽商人の伝統である。歴史において、儒学に精通していて詩文に得意な人は少なくない。彼らの中に、若いとき儒学を勉強して、その後商売の道に歩んだ人がいる一方、商売をしながら儒学を勉強している人もいる。同時に文化と儒学が好きで、こういう商人から商売をするのに儒学に気に入るという特色が見られる。

　商人は教育の程度が高ければ、気質、知能、判断力と洞察力も自ずから強くなる。従って、商品市場が刻々と変化していて、需給関係が予測できない事情の下に、うまく時世を判断し、取るか与えるかを決められる。事実上、商売活動において知識は実益なり。彼らが計算することに通じて、往々として的に当たられる。だからいつも速くて多く利益を得られる。教養がある商人は役所と接触したり、身分が高い人と付き合ったりする過程に、共同言語があるがゆえに受け答えがうまくできる。実際には、文化は商人と役人の架け橋になった。

　今日の安徽商人は先輩のように立派ではないが、「尚文」の伝統は相変わらずである。安徽の人は商売をするとともに儒学に熱心し、商人でありなが

ら学者でもある商業伝統に合わせて、彼らは商売をしながらできるだけ多く文化の看板をしている。まず、安徽商人の博学をなめるな。品質を重んじなければならない。偽物をしてはいけない。次に、文化話を多くすれば容易に彼らと接近でき、好感を博せる。さらに、商売の枠の中に、なるべく多く文化的な奉仕活動や文化投資をする。

二、教養あるビジネスパーソンになろう

　昔から徽商は単純に経営利益を唯一の目的にする商業団体ではない。彼らは文化と深い縁があり、その中に博学の士も少なくない。こういう商業団体なりの特色を形成できたわけである。しかも「儒商」の美名も博した。何で安徽商人はこういう特色が備わっているか。

　第一、文化と儒学を崇拝する古い伝統の薫陶を受けたからである。安徽の文化の歴史が長い。早くも原始時代から、黄帝が丹薬を練る、大禹治水の神話が伝わってきた。封建時代に、曹氏父子を代表としての「建安文学」によって安徽の文化事業はさらに新しい段階に昇った。それから、安徽の文化は百花咲き競う場面を形成し、輝かしく見えた。その中、徽州はさらに安徽省の文化繁盛地である。徽州は南宋朝名高い理学家朱熹の故郷である。彼はすでに徽州の人の誇りになった。そういう文化と儒学を崇拝する伝統の薫陶を受けて、今の安徽商人も文化の息吹があることを光栄にしている。

　第二、徽商の中に、若いころ知識人であったが、生活に迫られるとか、家は暮らしに困っているとか、祖先伝来の家産を継承したとか種々の原因で「脱儒」して商売に転じる人もたくさんいる。立身出世したあと、経済条件がよくなり、良好な文化素養があることに加えて、彼らは注意力を改めて文化の面に転じられる。文化教育に投資したり、再び儒学を勉強したりして、失った光陰を追憶し、心理的な均衡を求める。安徽の人が「尚文」の伝統は商売が好きながら儒学に熱心するという徽商の特質を育った。彼らのこういう特質と豊富は経済的な実力は逆に安徽文化の繁栄を促した。

　珠海巨人ハイテクグループの代表取締役史玉柱は安徽人の一人である。史玉柱、安徽懐遠の人。１９６２年１１月生まれである。大学院生。もともと

安徽省統計局のデータ分析員であった。１９８９年７月、史玉柱は４０００元の借金だけで、６年が経たないうちに、創立した巨人グループは実益が百倍のスピードで増やし、総資産が数億元に超えた。中国最大の民営のハイテク企業になった。彼個人の財産が１０億元くらいもあると見積もる。「巨人」の躍起、その若さ、その速度、その実益、そのすさまじい勢いが経済学界をびっくりさせた。経済家はそれを不思議な「巨人現象」と呼ばれた。史玉柱は中国の億万の財産がある金持ちにおいて学歴が最も高い人であるかもしれない。さらに彼は教養があるビジネスパーソンの新世代の中にずばぬけて優れている代表である。彼の裏には濃厚な文化的な背景がある故郷がある。

「現代の商業界にもっとも将来がある人は知識人になり、改革の初期に天の時地の利を占めていた漁民、農民、個人経営者ではなくなると思う」と彼は言ったことがある。史玉柱は自分の行動で「科学技術は第一の生産力」と「知識は富である」という経典的な論理を説明している。彼は中国の知識人の先鋒といえる。中国の知識階層の伝統的なイメージを変えるのは史玉柱から始めたと言う人もいる。

経済は文化と分けられない関係を持っている。今日になっては安徽、徽州は経済において落伍したし、現代の商人階層を形成しなかったが、安徽では豊富な歴史文化遺産があるので、文化事業を発展する自信がある。歴史において、安徽では海外まで名声が聞こえる大商人が生まれた。２１世紀には、安徽で商売をすれば、必ず教養があるビジネスパーソンの気質を備えなければならない。そうすると、本物の商売人になれ、安徽の人に認められる。

三、すこし政治的な利益をあげる

安徽の人が政治に対しての崇拝と熱中はおそらく北京の人を除いては比べるものはいないかもしれない。安徽では、少し知識がある人でも原籍は安徽にある政界の人物の名前を一気にたくさん言い出せる。安徽の人は政治に熱心する伝統がある。歴史上、安徽の政治家は続々と現れてきた。早くも春秋時代にさかのぼって、安徽では大政治家管仲を出した。彼は斉桓公を補佐し、対外・対内の政策を全面的な改善し、一列な富国強兵の方策を設定したとこ

ろ、斉国を諸国の首領にさせた。

　東漢の末、皇室勢力が衰微しつつ、群雄割拠の局面に陥った。安徽亳県の人曹操は「天子を擁して諸侯に令する」、あちこち戦いまわったところ、前後陶謙、呂布、袁術、袁紹、劉表などの割拠勢力を潰し、北中国を統一した。三国の時期、もう一人の風雲を巻き起こした政治人物周瑜も安徽の人である。近代になって、直接に中国の運命にかかわる政治人物もたくさん現れてきた。清の末にもっとも名高いのは李鴻章のほかにはならない。辛亥革命後、中国は改めて半封建半殖民社会の混乱な状態に戻した。中華民族は国を滅ぼし民族を滅ぼす危険がある。生死存亡の瀬戸際に、安徽の人は歴史の波の最前に立った。新文化運動の二人の巨人—陳独秀と胡適は二人とも安徽の人である。陳独秀もそれから政界に歩みだし、とうとう中国共産党の創始者の一人になった。

　安徽の政治人物はそれだけではない。そのほか、たとえば、国民党の大将張治中、共産党大将李克農なども安徽の人である。彼らは一挙手一投足の間に、儒生の気概が見せる。政治と文化は安徽の人の身に有機的に結合した。政治を崇拝することによって、安徽の政治人物も次々と現れた。文化教養を重んじるため、安徽の政治人物はみんな英知で機敏である。

　政治を崇拝するがゆえに、「政治的な成果」「政治的な才能」などは一人の能力や将来をはかる基準になった。そういう観念が全省を風靡し、安徽の人たちはみんな政治に濃厚な興味を持っている。彼らは商人でありながら役人でもあり、いつも一つの手で金を握りながら、一つの手で官職を取る。

　歴史上の安徽商人の中に、本人は高官を務める、父は役人でその子は商人になる、子供が役人でその父が商人になる、先に役人を務めて後に商売する、先に商売をして後に役人になる、一生平凡であったが名門や高官と親密な関係を持っているという人が数え切れないほど多くいる。

　現代社会に、市場経済が発展するとともに、人間の政治意識、官本位意識がだんだん弱くなっている。役人生活をやめて商売をすることがもうニュースではなかった。市場経済の衝撃を受けて、安徽の人の意識には著しい変化を見られる。ところが、安徽の人の政治思惟はそれだけ弱くなることはない。

今の安徽の人も、政治で人を判断する、政界に歩みだすほうがいいという態度が相変わらずである。中国共産党中央委員会の常務委員、国家主席胡錦濤、中国共産党中央政治局委員、国務院副総理呉邦国に対して、安徽の人は深く敬慕している。目下、普通の平民は政治に興味を持っているばかりでなく、商業界も政治的な色合いが濃い。安徽の商人の中に、現代意識を持っている人はたくさんいるが、工場長に昇ったからまた市長になりたい、商売をしてから政界に入りたい人もたくさんいる。

　安徽の商人はいつも企業の成功を官界に託す。国家の指導者に視察され、接見された写真や題詞を重要な位置にかけることが大好きの安徽企業は少なくない。高級な指導者に会わなかった企業家は、あらゆる方法を講じて関係をつけていく。題詞一枚をもらうためにどんなに大きな代価を払ってもかまわない。彼らにとって、代価を払って題詞、写真なんかもらったら、お守りがもらったように心強くなる。安徽の人のこういう特色にあわせて、彼らと商売をするべきである。

　(1) 政治を崇拝する心理に迎合するように、できるだけ多く政治の看板をする。政治活動をめぐって知恵を出し、商売をする。

　(2) 安徽の商人と付き合うとき、政治的な手段を使えばわりに効き目があるかもしれない。

　(3) 商人に政治的な利益や名誉を与えることによって常に彼らから商業上の実益をもらえる。

　(4) 政治名人効力を活用する。

四、安徽省を東西南北の四つの部分に分けて、区別して対処すべき

　安徽は南北の変わり目に位置している。淮河、長江は安徽を横断して西から東に流れている。安徽省を淮北、淮南、江淮地区という三つの部分に分けた。三つの地区の気候は差異が明らかである。蕪湖埠頭以北の人はみんなコートを着ながら、以南の人は長い中国服を着ていると冗談を言う人もいる。性格と方言において、三つの地区の差異がもっと大きい。合肥は省都として

安徽省の中部にあり、合肥の人も人より優れていると思い込んでいる。合肥以北、特に北部の人は「侉子」と呼ばれ、以南の人たちは、特に南部の人は「蛮子」と呼ばれている。いったい「侉子」「蛮子」はどんな意味合いであるか、ほめ言葉か、けなす意味であるかはさておいて、どうせ合肥の人は彼らをはっきり分けさせているのは事実である。

　東西南北の安徽の人は性格においても大きな差異が見られる。淮北は山東省と隣接しているため、その影響も深く受けた。山東省の人の率直と豪快な気質はもれなくすべて彼らの身に反映できた。飲食生活も山東省の人とほとんど区別がない。方言も北の地区の特徴が備わっている。普通語と比較的に似ている。話すスピードもゆっくりしていて、発音もはっきりしている。安徽省の淮北の人たちは商売をするとき、信用がありさっぱりしている。とろが、契約観念が強くないので、法律の紛糾を起こしやすい。「淮北」の人と反して、「淮南」は福建省・広東省の人に似ている。「蛮子」と呼ばれたわけである。字のごとく、「蛮子」の意味といえば、「未開化の南方人」なんである。

　歴史において、「淮南」は福建省と広東省と同じ根のかかわりを持っていた。現在、歴史的な融合とともに、統一的な中華文化はすでに形成したが、南方文化の特徴が依然として明らかである。安徽省「淮南」地区はその地域文化の縁に所在しているため、そこの人たちは福建の人のような聡明で機転がきき、能力があるという特徴が備わっている。「淮南」の人は商業的な頭脳があり、安徽の大商人は多くここから誕生した。飲食において、安徽「淮南」の人は南方の人と同じようにお茶が好き、飲み食いに趣味を持っている。安徽省長江以南の土地は「皖南」と呼ばれる。「皖南」の人は朝お茶を飲む習慣がある。朝ご飯を抜いてはいいが、お茶を飲まなければならない。農村や町に、農民たちは市に集まってことを済んだ後、よく茶店に入ってお茶を飲んだり疲れをいやしたりする。

　一般にしていえば、中国人の性格は南北地区の差が大きい一方、東西地区の差異がそんなに大きくない。かといって、安徽の人の性格はそうではない。安徽省西部はおもに「大別山地」にあり、古い革命根拠地である。西部の人

は生活様式と言語が河南東部に似ている。そこの人たちはみんな善良で純朴で温厚で、正義を重んじ利益を軽んじ、商売をするのに別に興味がない。安徽省東部は上海に近く、そこの発達した経済と発展の影響を受けて、経済に対してより熱心している。外に出てバイトをしたり商売したりする東部の人は少なくない。彼らは大体まめまめしく、新しい物事を受け入れやすい。

　従って、安徽の人と商売をすれば、必ず彼らのさまざまで混雑している性格に合わせて区別して対処しなければならない。

　(1)「淮北」の人と商売をすれば、契約を結ぶことと履行を注意する。

　(2)「淮南」の人と商売をするとき、機転が利いて、商売上のしきたりを守らなければならない。

　(3) 安徽省西部の人と商売をするとき、正義を重んじ利益を軽んじる態度でかえって容易に利益を得られる。

　(4) 安徽省東部の人と商売をすれば、彼らのまめと実行精神を学ぶべき、できるだけ新製品、新品種を多く押し広める。

　5．彼らの小農意識を警戒する

　改革開放する前に、安徽から「ばか」マークのクアズを炒める年広久が現れた。鉄べら一個で、ごく短い時間内百万もの資産を溜められた。中国当時最大な個人経営者になった。こんなに目立たない人物は当時の指導者鄧小平の関心を引いた。彼は何度も「ばか」マークのクアズを提起したことがある。

　ところが、1990年6月に、年広久は公金を使い込む罪、汚職罪、ごろつき行為罪の疑いで逮捕された。裁判所は真剣な調査をしたところ、「公金を使い込む罪は成り立てない。汚職罪も事実が不明で証拠が足りないため認められない。ごろつき行為は事実があり確実な証拠があるので成り立てる」と判断を言い渡した。三度に証拠を集めたあと、1991年5月に法廷を開いた。ごろつき罪の疑いで年広久に3年の有期懲役、執行を三年に延期するという判決を言い渡した。1993年3月、彼は二年半に拘禁されたあと釈放された。面白いことに、年広久は裁判所の判決に敬服して承認しながら、しかも何度も感激の気持ちをにじみ立てた。

　年広久という元来失業青年であった市民は、一番最初に「蟹を食べられる」

人になった。自分の実際行動で中国の改革開放に参与し、商品経済の波乗りをする人になった。中国の改革開放に積極的な役割を果たした。ところが、小商人の家庭から出身した年広久は、教育を受けなくて教養ががなく、生活の範囲も極めて限られている。彼の考え方、行動様式ないし性格まで、生産者階層の焼印が押されている。そうして、小生産者と大市場の矛盾が彼の身に融合しがたく、なかなか調和を取れなかった。とうとう彼を悲劇的な人物にさせてしまった。

　改革開放後、民営企業の発展する歴史から見れば、年広久は第一代目の商人である。管理方式からみて、第一代目の商人たちは経験型の管理者である。年広久の管理方法から判断すれば、現代的な商人ではなく、至る所小商人の焼印が押されている。彼の個人性格と価値観念さえもはっきりした小商人の特徴が付いている。年広久の悲劇は安徽商人の小農意識の反映だといえる。そういう小農意識こそ歴史上安徽商人が衰えた現れである。

　安徽商人の後代の商業観念から考えると、以上の認識の証を見つけられる。史料によると、後輩の徽州の人は商業に従事する原因といえば、大体下記の三つがある。

　第一、貧困な暮らしに駆り立てたからである。「もとは貧乏で、弱冠になったばかり蕪湖に使用人になり、いろいろ苦労をなめた。中年になって資本を借りて商売をするようになって、暮らし向きがだんだん豊かになった」と。

　第二、親孝行をするため商売をやり始める。「弱冠に母上に命じて商売をするようになった」と。

　第三、周りの人特に宗族の習俗に左右される。その典型的な例といえば、たくさんの村や宗族はすでに商売する伝統を形成したため、衆に従う心理に駆使されて、村人がみんな同じくらい道に歩み始めた。甚だしきになっては、商売を営むことを本宗族の声望を維持する手段にした。宗族のしきたりの力によって、同族の青年に商売を始められた。

　この三つの原因に一つ共通な特徴がある。それは自覚的な商業意識に欠けていることである。根本からいえば、商業行為が積極であるかどうか、主動

であるかどうか、自覚であるかどうかは違う文化心理に対しての反映である。早期の徽州商人と彼らの後継者は宗法制度の色彩を帯びている農業文化の支配下に商業活動の領域に入ったのである。小農文化に導かれて、徽州の商人はあくまで現代的な商業観念を打ち立てなかった。その中、終始商業に対して忠誠心を育てなかった人も相当な部分を占めている。

（1）徽州の商人は一生にかけて商売をする人は少ない。金持ちになった人も損をした人も、最終には故郷に帰って、農業を元にする古い道に戻ってくる。

（2）安徽では、巨大な財産がある塩商人は、物質上豊かであるにもかかわらず精神的には非常に貧乏である。財産は彼らに商人身分の卑賤な感じを抜け出させなかった。

（3）外にいる商人たちの生活は贅沢に極まらない。

（4）土地を買ったり、住宅を建てたり、祠堂を修繕したりすることは安徽商人の主な金の使い道である。

したがって、中国がいよいよ近代社会に入ったとき、近代文明の洗礼を受けた沿海地域の商人たちは彼らと競争し始めるとき、安徽商人は最終的に衰えることも無理はない。こういう商売をする伝統は今でも安徽の人の中に支持が多い。したがって、彼らと商売をするとき、この特徴を利用して大いに才能を発揮できる。

六、安徽商人が商売する伝統に注意する

「徽商」とは、明、清朝の時代徽州府に誕生した商売人集団である。明、清朝に歙県、休宁、婺源、祁門、绩渓、黟県の六つの県は徽州が管轄した。安徽の人が商売に営むのはかなり歴史が長い。早くも東晋には新安の商人の商業活動について記録された。その後代は発展したが、商業団体を形成したのは明の成化、弘治の年間のことである。明の嘉靖から清の乾隆、嘉慶年間にかけて、「徽商」は繁盛のピークを迎えた。いわゆる「無徽不成商」とは、歴史上安徽商人に対しての生写しである。安徽の商人は長期的な経営の中に、「誠」「信」「義」「仁」の商業道徳を形成した。

典型的な例といえば、清朝啓源の茶商人朱文熾は広東で茶の貿易を営んでいた。売り出す新茶が期限が過ぎるたびに、人が勧告することを聞かなく、交易の契約に「陳茶」という字をつけ、人を騙そうとしない態度を見せる。そういう人がもう一人をあげられる。安徽の茶商人程樹梅「交易するとき、一諾千金で、契約を結ぶ必要がない」。そのほか、安徽休寧の商人呉鵬は胡椒の商売をしたことがある。人と契約を立てて、８００升の胡椒を仕入れたとたん、ある人に毒があると見分けられた。売り手が悪事をばれることを恐れなく、貨物を返却し、契約を中止するよう呉鵬に頼んだ。ところが、呉鵬は売り手がまた転売するのを心配したから、コストを惜しませず、その胡椒を焼き払ってしまった。

啓源の商人毕周通は隣村の古い友人に６０両もの貯金を頼まれた。王某は病没したあと、そのことを知った人はひとりもなかったのに、毕周通は貯金の年月、利子を記録するためわざわざ一つの帳簿を作った。数年後、王某の息子が大人になった。毕周通は帳簿を取り出して、元金と利息をいっぺんに払った。聞いた人をみんな感服させた。

徽州の史料に中にこういう例はざらにある。安徽商人が正義と利益に対する態度や道徳観を完全に否定するのは理知的なやり方とはいえない。ところが、彼らのそういう観念こそ商業効能を薄めたり無視したりする態度であると言わなければならない。茶商人朱文熾は広東で２０年も商売をしたところ、元金が数万両も損をしたのに、全然後悔はしなかった。そういうことを史料の中に詳しく記録され、安徽の人はみんなそれをもって光栄にしてきた。それは金をもうけるという商売する目的と精神に逆行したと言わざる得ないにもかかわらず、今になっても、安徽の商人は正義のために利益を捨てる古風が備わっている。

歴史において、安徽の商人は同族同郷を基礎にしながら、商業ギルドを建てた。一番最初の同業組合は明の時代に立てられ、清朝になってはすでに普及の勢いが見られた。「商人の足元があるだけ、同業者会館が分布している」と。

安徽の商人の会館は対内に弱い者を保護しながら、対外に積極的に競争す

る。
　徽商の業界会は内に対して弱者を守って、外に対して積極的に競争を行う。その組織は厳密で、職責分明だ。業界の規則は定められたっら守らなければならない。業界会の立てられたのは徽商の経営を生産、大量購入、運輸、販売という一体化の道に歩み出させた。明らかなことはそれが社会の発展や徽商の経済発展に応じて広い分野で立てられた新しい経営様式だ。
　徽商の伝統的な経営精神は今も安徽の商人たちに受け継がれている。市場経済の厳しい競争の下で、安徽の商人は古くから「信用第一」という原則を厳守してきた。いつも老少同一視して常連かどうかは区別しないで扱っている。だから、安徽の商人と取引をする時、徽商の伝統的な経営様式が現代の安徽商人にもたらした影響を理解することは非常に有意義なことである。

第二節　倹約をモットーに掲げる晋商

　大部分の山西商人は裸一貫で身代を築いて、一歩一歩成功に辿り着いた。山西の商人は「誠実・信用」を原則として守っている。人々も山西商人の誠実を信用している。その原則は多くのお客さんを引き付けて、商業もますます盛んになってきた。山西人は取引上の重要な特色は単数利益を少なく、販売量を多くさせることと生産・販売の結びつけることであり、薄利多売主義なのである。

一、節約し、苦労に耐える

　山西商人の多くは裸一貫で身代を築いて、苦労に耐える創業精神で自分なりの商業道を辿っている。足跡を全国のいたるところに残させている。山西省の自然環境はとても厳しい。山地が多く、土地が少なくて瘠せている。そして、風が強く寒い。山西人は故郷を離れて、商業の道を選んだ同時に山西人の倹約し、苦労に耐える精神と粘り強い意志を築いている。
　山西の歴史が書かれた書類を見ると、「倹約・苦労に耐え」という信条が

たくさん出ている。例えば「俗尚勤倹、羨学力田」とか「民性素直、俗尚勤倹」などがある。

　歴史上、山西商人を「晋帮」と呼ぶ。山西の商人は遠いところへの商売を困難なことと思わず、故郷のこともあまり考えていない。清代の紀昀は「山西の商人はだいたいほかのところで商業を行い、十何歳から人に商業のことを習い始まる。お金をたくさん貯めてはじめて結婚のことを考える。」と言ったことがある。

　例えば、山西省の太谷というところで曹氏という人がいる。明代の初め、太原から来た。生計を立てるのは難しいので中国の関東地方へ行って三座塔（今の遼寧省の朝陽県）という所で野菜づくり、豆腐づくり、もやしの売りに携えていた。その後、酒屋の経営を始めた。日夜働いていた価値があって三座塔の商業の中堅となった。商業の盛んになるにつれて、清代の政府は三座塔で朝陽県を設置した。その後、朝陽府に変わった。朝陽県は「曹家号があってはじめて朝陽県が設置された」という諺が流れている。確かに、朝陽の発展は曹家号と密接な関係がある。その後、赤峰、瀋陽、四平、錦州などの地域にも支社が成立された。清代中期になると曹氏の家族勢力は東北地方から華北地方、北西地方まで広がった。新疆、モスクワなどの所も曹氏家族の商業拠点となった。最盛期は６４０くらいの支店を持って会社員が３７０００人にも達した。朝鮮人参の販売でお金が儲かった太谷南の武氏は初めは姉貴の家に身を寄せていた。靴さえも買えないほど貧しかったが、関東地方へ行って朝鮮人参の販売を始めて次第にお金を儲けるようになった。人に「朝鮮人参客」と呼ばれた。

　「複盛公」の創始者―喬貴発は素直な人で、話すことが下手だし、貧しかったしいつも周りの人々に冷たく取り扱われていた。西部の包頭に行く行列に加入をせざるをえなかった。人に雇われて駱駝を飼育したことがある。いろいろ苦労した最後、隣の県の秦さんと異姓の兄弟となった。一緒に商売をした。十年余り経った後二人とも貯金を少し持つようになった。そうして、包頭西脳包というところに移して別々に商売をした。秣を売る商売、豆腐づくり、もやしづくり、麺類作りなどに携えた。生活を切り詰めて浪費をさせ

第四章　安徽商人の文化と山西商人の倹約

ないように商売を維持した。乾隆二十年以後はその商売がますます盛んになって「広盛公」を開けた。その後「複盛公」に呼ばれてきた。喬家の子々孫々は先祖の勤倹と苦労に耐える精神をしっかり心に入れて　家の事業を日一日と広げて包頭の商業界の巨頭となった。山西省最大のモンゴル商売を営んだ「大盛魁」の創始者は王相卿という人だ。最初は生活に迫られて、清政府のｔに服役せざるをえなかった。服役するかたわら、物を担ぐ仕事をしていた。

　王相卿は背が高くて体が丈夫でずっと苦労に耐えてきた。仲間の張傑、史大学と異郷で異姓の兄弟となって、「桃園三儀」のように、苦しいときに一緒に苦しんで、楽しいときに一緒に楽しむと考えた。三人の力で生存の道を切り開きたいと思っていた。でも、最初は予想のように順調に進んでいなかった。難しい境遇に置かれていた。張さんと史さんは先に諦めて、山西の祁県に戻って農地を借りって農業に携えてきた。王相卿は諦めずに、長城以北の要塞の「殺虎口」で彼の担ぐ仕事を続けていた。その後事態が少し好転して、王相卿は弟子を募集して、自らで張傑、史大学を招き集めてきた。また、三人と共に商売を営んで「吉盛堂」を開けた。このように、商号の雛形が出た。その後「吉盛堂」から「大盛魁」に変わった。それを主商号としていた。いろいろ努力した後「大盛魁」は外モンゴルの市場を独占している商業界の巨頭となった。

　王相卿は創業してからほぼ形を備えていたまで、二十年くらいかかった。その創業の難しさが分かった。ある年の除夜、「大盛魁」は小麦粉の借金を返済できないから、年料理の餃子用の小麦粉さえ貸主に持たれていった。結局、王さんたちはその夜そして次の日も粥で餓えを凌いだといことだった。後世の子々孫々に延々と先祖の刻苦奮闘の伝統的な精神を保たせるために、いままで「大盛魁」に置かれた財神の前にお粥、天秤棒と貨物入れ用の箱が特別に供えていた。そのほか、分銅として使われたある石も神像の前に置かれていた。それは王相卿たちの肩で貨物を担ぐ事業を始めた時の苦しさをよく伝えた。

　「大盛魁」という主にモンゴル及びロシアとの貿易をした商社は最盛期に雇員は６０００人余りに、キャラバンの駱駝頭数は２万頭に、貿易の年売り

上げは１０００万両にも達した。彼らは西部の外れまで至ったり、草原をも、砂漠をも通り抜けたことがある。数千キロメートルの商業用の道を切り開いた。真夏の厳しい暑さの下で、彼たちは頭に照りつけたかんかんと太陽をものともせずに、熱い砂を踏んで一歩一歩砂漠を歩いた。数日も人影も見えなかった。冬の寒風で人が途中亡くなったことが時々あった。春と秋は黄砂が急に吹き、周囲が暗くなって、道だけでなく、人をも埋めたことがある。こんな複雑で困難がいっぱいの旅と想像もできない苦しい働きを通して、中国のお茶は山西の商人たちの紹介で絶えずにモンゴル及びロシアまで輸出し続けられる。

　商業を営む刻苦性の上で、山西商人は全国第一といってもいい。多くの山西商人は苦労に耐え・勤倹の美徳を代々受け継いでいて、苦しさやリスクを困難と思わない創業精神を形成してきた。山西商人はこんな精神の支えで、足跡を至る所に残している。日本からモスクワに、カルカッタからアラビア地方にも山西商人の姿は現れた。山西商人も誇りを持って「雀が飛べる所に山西人も行ける。」と言ったことがある。今でも、山西人は苦労に耐え・勤倹の伝統を重んじている。彼らと取引するとき、苦労に耐え・勤倹の姿で現れると、次のようなプラスになるところがある。

　（1）山西商人は君の苦労に耐え・勤倹の姿を見て、君をずるくなく、素朴で真面目な人だと思われる。

　（2）山西の商人は君と知友になるかもしれない。友達として付き合っていける。

　（3）彼らと近寄り安くなって、彼らの好感を得ることができる。

　（4）経済活動中、彼らは創業の難しさをしみじみと感じたので、時に君を助けることがある。

二、信用と品質を大切にする

　山西商人は信義を大切にすることで全国で有名である。歴史上、モンゴルの牧畜民たちは「三玉川」や「長裕川」が刻まれてあるお茶の塊を見ると、先を争って買いに行った。彼らは取引の時、そのお茶の塊をお金さえとして

使っていた。近代の有名人の梁啓超も「晋商は信用を守っている人間だ」といったことがある。古くから、経営理念によって商人を誠実な商人と欲張る商人に分けている。前者は安価の商人とも呼ばれている。品の単数利益を少なく、販売量を多くすることに工夫している。そして、品は本物のことを確保する。後者は所謂悪徳業者は品物の値段を低くしたり、高くしたり、本物に偽物を混じらせたり、買い溜めしたり、投機的な商売を扱ったりする。彼らの区別は誠実な商人は信義を重んじ、欲張る商人は取引の時、信義を守っていないことにある。山西の商人は信義を大切にするグループである。

　歴史上、山西の商社は信用の面で卓越した成績を収めた。取引の双方はずっとちゃんと信用を守っていたので、「標期」という特殊の決算方法が生じた。太谷は山西省商業中心であった。標期は三ヶ月一回で、そのとき、この前の債務を終えて、新しい債務が生じた。借りたら必ず返すという原則は商人と顧客の間で築いた相互信頼の関係を現れた。標期になると、各地からの商人が集まってきた。もし、規定に従わない人が出ると、すべての商社に非難されて、そしてみんな一致した行動を取ってその人との取引を中止した。このように、あの人は名誉に傷がつく羽目になったというわけである。

　だから、晋帮商人の中で、みんなの期待に応える商家がたくさんある。「不正行為は百年が経っても一件も遇わなかった。」と言われている。祁県の喬氏家族は包頭で「複盛公」という商社が開かれた。売買中、余計な利益を図らず、物の重さを十分にする。みんな「複盛公」が売っている品物を買いたかった。「複盛公」は品物の品質も確保する。ある年のことだったが、「複盛公」の油の作業場から胡麻油を山西へ売りに運ばれた。それを取り扱ったある社員は私利を図るために、油にほかのものを混じらせた。そのことが気づかれると、本物の胡麻油を入れ替え、運び出すと命じられた。商店は一時の損だったが、誠実で顧客を騙さない名誉を保つことができる。「複盛公」が売っている油は包頭の信用できる品物となった。「複盛公」は評価の高い信用と名誉で百年余り経営し続けていた。第二次世界大戦のとき、戦乱のせいで、営業が停止された。

　山西の商人は「誠実・信用」を原則として守っている。人々も山西商人の

誠実を信用している。その原則は多くのお客さんを引き付けて、商業もますます盛んになってきた。山西商人は主に扱っている品物はお茶だ。モンゴルの牧畜民は山西人の商品を見ると、先を争って買いに行く。あるブランドを認めると、長い間ずっとそれを買い、生涯変わらないわけである。

　山西商人の多くはその商業が盛んになり、勢力を持つようになったのは彼らは信義を大切にするからである。ここ数年来、山西商人は商業を営む間に、信義を重んじる職業道徳に則り、公平な競争を行う市場企画を守っているので、卓越した成績を収めて社会に高く評価された。だから、山西人と取引する時一般的に安心で取引してもいい。彼らは詐欺のことや自分の利益のために、信義を捨てることなんて絶対しない。でも、彼らの取引上の仲間として、以下の二つの注意点をちゃんとやった方がいい。

　（1）信用と品質を大切にしなければならない。こうして、彼らとの協力をうまくさせることができる。

　（2）彼らとの協力が順調に行けるかどうかも非常に大切だ。それをちゃんとやれば、山西の市場を切り開ける。そうでないと、山西人は山西の商品と市場を選ぶことになるかもしれない。

三、山西商人と公平な競争を行うことができる

　信義と利益は矛盾の二つであり、信義だけ重んじると、商人になれない。商業を営む目的はお金を儲けるからである。でも、利益をひたすら追求し、信義を無視するのはだめだ。これは社会道徳に合わなく、公衆の利益にも損害をもたらす。それにもかかわらず、そのやり方はただ一時の利益で長い目でみれば商人自身の利益をも損じる。だから、信義と利益をどうのように取り扱うかはとても重要だ。それは職業道徳に求められるだけでなく、商人の素質を体現できる。山西商人はその面で成功した模範といってもよい。

　売買の時、競争は避けられないことだ。でも、公平な競争をするかそれとも不正な競争をするかは商人によって異なっている。でも、どちらにするかは信義を大切にするかどうかということを具体的に体現した。清代の同治の頃は左宗棠は軍隊を率いて新疆を治めた。その後、商人を招き寄せて商業や

第四章　安徽商人の文化と山西商人の倹約

貿易の発展に力を入れた。当時、新疆に行って商売をする商人はたくさんいる。その商人は燕、晋、湘、鄂、豫、蜀、秦、陇の八つのグループに分けている。それぞれ商業連合会が立てられ、商業連合会の会長はそれぞれ属しなく、干渉しなかった。地域的な商業グループを形成し、激しい競争を行っていた。

　その中で、天津商人は主に天山の南北部に商売を行った。天津商人の経営特色は次のようである。経営項目が多く、情報を容易に得ることができる。そして、商売する方式も多いが、彼らは利益の獲得を急いで、邪道のやり方もよく使い、いつも官吏や権力者と交際し、贅沢な生活をしている。外見では商売が得意であるが、実は名実相伴わなかった。湖南の商人は戦功が多いので、権勢を傘に着ることがたくさんある。でも、湖南商人は商売に苦手である。だから、権力者に頼っても商業はそんなに発展していなかった。商業の営みで一番優れた商人は山西人だ。当時「晋商は豪商で、営業資金は数十万に達した。影響力が大きく、政府から褒賞金をもらったことが多かった。」と言われていた。山西商人は商業を営むことが得意で、公平な競争を通して、市場を左右した。

　歴史の中で、山西の商社は豊かな財産を持って傲慢した。その経済勢力は全国の金融市場を左右するほどであった。競争する優勢に恵まれている。でも、商社は同業者を虐めたり、市場を独占したり、経済勢力を使って他人を威圧することはしない。取引するとき、信義の中から利益を得る。同舟相助けあったり、お互いに利益を得たりした。特に資金が少ない小規模の銀行、店舗、質屋などに対して排斥しないだけでなく、時々資金の上で、助けてあげた。そうすると、山西の商社は矛盾の激化と不正な競争を避けられる。豊かな資金、評価の高い信用と名誉、柔軟性に富んでいる経営方式や優れたサービスのおかげで、大勢のお客様が引き付けられ、業務量も拡大し、一流の経営効果と利益を得た。

　山西商人の公平な競争を行う商業精神は後世に受け継がれてきた。今でも、彼らが商業したとき、商業道徳を非常に大切にしている。ある工事に入札を募るときや企業間の経済活動で、競争が激しいけれども、山西人は邪道を選

んだり、裏口で取引したりすることが本当に少ない。大部分の山西人は実力で公平な競争を行う。その山西人が持っている特色を踏まえて、山西人と取引するし、競争を行うとき、以下の二つのアドバイスを注意してください。

（1）公平な競争を行って不正な手段を使わない。そうでないと、山西人に競争場から追い出される。

（2）競争中、実力と知恵を持って勝利を勝ち取る。

四、少ない単数利益と多い販売量という薄利多売主義

　山西商人は経営が得意で全国に有名である。その経営方式は参考になる価値が大きい。山西人は取引上の重要な特色は単数利益を少なく、販売量を多くさせることと生産・販売の結びつけることである。山西商人は情熱があって行き届いたサービスがお客様に喜ばれている。彼らは内地で牧畜民が必要になる衣服、お茶、反物、鉄製の鍋、コーリャン酒、砂糖、磁器製の茶碗、果物などを買い入れ、安い値段で投売りした。それに、反物を異なる長さのモンゴル服の布地にして、牧畜民を選び買わせた。このように販売量が大いに増加した。それにしたがって利潤も増えるようになった。そのほか、山西商人は全国各地の生活習慣、消費レベル、市場収容量、商品規格、性能、価格などの要素を詳しく理解した。販売を通して生産を促し、生産と販売の結合のやり方を採用し、直接に品物の供給源を連絡し、生産加工を行うことがある。

　例えば、平遥、祁県からのお茶の売買をする商人は福建省の武夷、安徽省の六安及び湖南省などの所に、お茶の加工工場を建てる。お茶の塊を煉瓦状にしてから、会社の商標を押す。それから、各地に運ばれて売る。彼らはよく単数利益を少なくし、販売量を高める方式を採用した。生産品の品質や信用を重視するから、お客は商標を見るだけで、検査をしないで、大量に購入する。それで、販路を広げ、市場を安定させ、利潤も大いに増加させるようになった。

第五章　日本商業の変遷

　日本では、江戸末期に浪速商人による日本型株式制度の萌芽が出た。ユダヤ人、インド人、中国人を世界の三大商人と呼んでいる。日本人は近世までサムライの国であったから、セールスは下手であると思われてきた。その江戸二百数十年間は「士農工商」の身分制社会が表しているように、武士が支配する時代だったといっていいであろう。

　ところが、それは表の顔にすぎず、実際に社会を動かしてきたのは商人たちだった。とくに江戸の中期以降は、商人の流通経済が武士のコメ経済を圧倒して、次第に武士は指導力を失っていった。すなわち江戸期の士農工商という身分・階級制度と米経済が、皮肉にも商業の発展、そして豪商の隆盛をもたらした。

　株式会社というと当然、明治以降に輸入されたものとされているが、江戸末期に近江商人や浪花・浪速商人が出資者を集めて、大きな資本による商いを成功させて、配当金を配っているす。これを組合商人と称したが、これこそ日本型株式制度の始まりといっていいであろう。

　物々交換の「商い」は人間の歴史と共に古代から存在している。その過程で自然に商人が誕生したと思われる。日本書紀や中国の史書に記録された文献資料がないことには、歴史上の事実として学界では認められませんが、「商い」そのものは、史料のあるなしに関わらず、"物々交換"という形で、人間の歴史と共に存在した。

　文字もなく、したがって歴史も記録もない原日本人や縄文人の時代、そし

てさらに弥生時代人から古墳時代の生活へと、歴史と文化が積み重ねられていくにつれて、この商いの方法は発達し、品数も増えていった。

　万葉集には「海柘瑠市（つばいち）」「軽の市」「餌香（えか）の市」などの名が歌や記録に残されています。それは物々交換の市が立った場所で、各地からそれぞれの産物や手づくりの品を持った人たちが集まってきて、有無相通じる交換を行っていました。この市も少し後の時代になると、例えば八の日ごとに開かれて、八日市の地名を生むようになる。

　やがて、平安時代には市の商品流通量が飛躍的に増大した。貨幣が用いられるようになり、富の蓄積が行われて、富家と貧家の別が生まれ、徐々に格差社会に入っていきます。大和の平城（なら）の都には東市と西市があって、食物や生活用品がいっぱい並べられていましたが、これは官営でした。このような官営の市と各地で開かれた自由市は、そのまま平安時代に引き継がれ、平安京の東市と西市は奈良時代と比べ物にならないほど豊かな商品量を誇っていました。庶民はもちろん貴族も、この市へくるのを楽しみとして、いろいろ買い物をしていた。

　都から絹布や針や化粧品を持って各地へ売りに行く者や、源義経の幼少時代。藤原氏の平泉王朝に代表される、奥州から金売り吉次のように黄金をもってくる者、北陸の海から魚を運んでくる者などがいて、商品の流通が盛んになってきた。

　人と物の集まる所に繁栄がある。「市」がやがて「町」という形を作り、人と物の集まる「津」や「駅」に常設の店ができるようになりました。老若男女が列を成して参詣にやってくる大寺院や神社の門前には、当然のように商人が集まってきて見世を張った。これが門前町の始まりである。

　見世とは、商品を見せることに始まった。そこで、町通りに面したところに上げ下げできる棚をだして、そこに商品を並べた常設の見世を、「棚」と呼ぶようになり、後には店と棚が同義語として使われるようになりました常設の店が増えて、商店街を形成するようになったのは、鎌倉時代からのことであろう。京都には、いまだに衣棚や魚棚といった地名が生き残っている。

　中世になると、京の七条の小袖屋や柳酒屋といった大商人がにわかに頭角

を現し始めた。祇園社をバックとする綿座の仲間の中には、三条通、錦小路、七条などに店を構える大商人が目立つようになり、「座」を形成した大商人隆盛の時代だった。技術集団としては東大寺の鍛冶座や京都の釜座といった座商人が有名だったが、この特権もやがて崩れる日がやってくる。戦国大名が、城下町の繁栄と収入増を図るために、「楽市楽座」を行ったからだ。様々な「座」形成の大商人隆盛の時代が来る。

楽市楽座とは、つまり自由市自由取引で、座商人でなくては売れなかった商品を自由に売買してよろしいという、武将の保護による自由取引であった。織田信長は、この楽市楽座を多いに広め、各大名もこの風潮を助長した。信長が天下人となってからは、いよいよ自由取引が盛んになり、やがて都にも持ち込まれるようになり、座商人の崩壊を決定付けることになった。楽市楽座が自由商人の台頭を促し、座商人の没落に一役を買った。

座商人の没落を待っていたかのように、自由商人が台頭して次の時代の主導権を握った。海外交易に乗り出した博多や堺の商人は、珍しい異国の品々を都や鎌倉にもたらした。南蛮貿易は更紗、羅紗、金巾、ビロード、パン、金平糖、カステイラ、ボウロ、鉄砲などとともに、洋風の風俗や梅毒まで持ち込んできた。

次に天下人となった豊臣秀吉は、信長の手法をさらに徹底させ、各地の関所を廃止して、商品の持ち出し・持ち込みを無税とした。しかも市場取引の自由化と無税化を実施したため、商品流通が一段と広まり、流通が加速し、商人はいよいよ活気付いた。

秀吉の死後、天下は徳川家康の手中に帰したが、商人の台頭はとどまるところを知らなかった。徳川政権は「商」を、士農工商という階級制度の最下位に置いて卑しみ、その商人から税金を取るなど武士の恥だといって、税金を取り立てなかった。というより、金銭を愛することを卑しんだので、算盤を持つことさえ嫌った。このため、商店の取引を調べて課税しようというような恥ずべきことをしなかったというわけである。

時々、冥加金と称する寄付金を言い付けるだけで、いわゆる所得税を取り立てなかったから、商人はいくらでも「財」を積むことができた。まさに商

人隆盛の時代であった。

第一節　大阪商人の商慣習

　大阪は商人の町だとよく聞くが、何故なんであろう。地理的には大阪は瀬戸内海と近畿を結ぶ水運の要衝だからである。近畿の大きな川が全て大阪に集まる。文化の先進地で、したがって商業の発展が早く物流も活発だった近畿の水運を束ねる位置にあった。しかも目の前には瀬戸内海がある。日本の海運は、歴史こそ古いが、事故が多くて安心して商業利用できるレベルにはなかなか達しなかった。物流が発達した江戸時代に入って船の技術もそのニーズを追いかける形で発達した。今でも日本のあちこちの海に「〇〇灘」という名前が残っている。

　瀬戸内海は内海なので、太平洋や日本海と比べると波も穏やかで比較的早くから海運が発達していたし、江戸時代に入っても安心して荷物を預けられる海といったら、やっぱり瀬戸内海が一番であった。だから、瀬戸内海沿岸は太平洋と日本海と比べても非常に海運が盛んな地域であった。その瀬戸内海と近畿を結んでいる。日本で一番条件が整った港だから、発展するのも当然である。ちなみに、堺が没落したのは大和川の付け替えが原因である。大阪へ流れていた大和川を堺のすぐ隣に付け替えて以降、堺の港は大和川からの堆積物で、港としての機能が大きく損なわれた。それが近代工業都市として再生したのは大正以降の話で、港の掘削が簡単に行えるようになったからである。

　「江戸八百八町」に対し、「大阪八百八橋」といわれるほど、大阪には橋が多いのは掘割が多いためで、寛永10年の人口は27万9600人余を数えていた。この大坂へ集まってくる諸国の物産のうち最大量を誇っていたのは米であった。江戸時代は周知の通り武士社会は米経済で、禄高も収穫できる米の石高をもって決められていた。諸大名や旗本たちは、領国で収穫された産米や産物を売って、金に換えたり、必要なものを買い整える必要があった。

そのため、江戸、大阪、長崎、敦賀など市場が開かれたが、関東一円は生産性が低く、油や木綿など上方でしか産しないから、江戸に集まる商品は米ばかりで、他の物産はすべて大阪に集まった。したがって各大名は大阪に蔵屋敷を置いた。明暦年間には25藩でしたが、天保年間には125の蔵屋敷が大阪に設けられていた。その多くは土佐堀川や堂島川の川筋に集中していた。これも船から物産を運び込みやすいようになっていたからであろう。

　各大名家の蔵屋敷には留守居役を長とする蔵役人が駐在して、産物の出納、管理にあたっていた。後になると、この出納も町人に任せるようになって、これを蔵元と称し、また売上代金を預けておく者を掛屋と呼んでいた。この掛屋は両替商が引き受ける場合が多く、同時に蔵元を兼ねるようになった。

　大阪へ入る米は年間約四百万俵、そのうち三百万俵は蔵米で、残りは商人が扱う米であった。両替商の中でも鴻池善右衛門などは、広島、岡山、金沢、徳島、柳川の各藩の掛屋を兼ねたうえ、尾張、紀州両家の御用達を引き受けて、合計1万石の扶持米をもらっていた。こうなると、ちょっとした大名並みで、毎年、正月になると、各藩の蔵屋敷から留守居役や役人が鴻池家へあいさつにやってきたといわれている。

　とはいえ、初めからこんな権威が備わっていたわけではなく、鴻池家にも草創期の苦労があった。鴻池家は近江源氏佐々木の支族で、播州黒田氏の祖となった宗信より三代を経た治宗の三男貞幸が、山中姓を唱え、山中弾三郎と称した。彼は出雲へ赴くと、山陰の雄として勇名を近隣に轟かせていた尼子義久に仕えて、その部将となった。ところが、そうなると当時、中国一円に勢力を伸ばしていた毛利元就との衝突は避け難く、両者は激しく競り合った。山中久幸の孫に当たる鹿之介幸盛は武勇に優れ、その名を残しました。その鹿之介の忘れ形見、新六幸元（しんろくゆきもと）が鴻池家の始祖となった。父・鹿之介が諸国を流浪したり、戦いに明け暮れているので、新六は大叔父、山中信直に養われて、摂津の国、伊丹にある鴻池村で育てられた。信直の死後、新六は名を新右衛門と改めて、武士である身分を捨て、商人となる決心をしました。しかし、後ろ盾もなく、その青春は苦労続きで、貧乏生活を送っていた。

その後、慶長5年(1600年)頃、ようやく酒造業に取り付いて、家業が定まった。伊丹市の西に位置する鴻池村は、いわゆる灘の酒所に近く、慶長の頃は酒造業者が多かった。彼らのつくり出したものはすべて濁り酒でしたが、鴻池は偶然なできごとがきっかけで、灰汁が濁り酒を澄ませることを知って、澄んだ清酒の醸造に成功した。

　そこで新右衛門はこの清酒づくりに精を出した。これが鴻池の「諸白」といわれた清酒で、この新酒は評判を呼び、江戸へ運び込むことを考えた。これには海運業が必要だとの考えに行き着いた。彼は豊富な資力を使って海運業を開始した。新右衛門64歳の時のことであった。

　徳川幕府が始めた参勤交代制度は、その所期の目的である大名の財政の圧迫と勢力の減少に大いに役立った。江戸から遠隔地に領国を構える有力藩ほど、家禄に応じた家臣団を伴っての労力と資力は大変なものであった。その結果、幕末になると多くの雄藩では、この往復の旅費にも事欠くほどだったといわれる。

　ここで登場するのが鴻池である。この参勤用の輸送を、鴻池が引き受けた。というのも、鴻池の清酒の旨さに酔った諸侯が争って、酒を買って行き、必要経費を賄うため蔵屋敷に米を運び込んで売ったからで、酒と米を通じて、鴻池は大名と親しくなり、その縁で参勤交代用の荷物の輸送を引き受けることになったのである。これが後に両替商となり大名への金融、大名貸しを行うきっかけとなった。

　寛文10年度の十人両替は、天王寺屋五兵衛、薪屋九右衛門、鍵屋六兵衛、坂本屋善右衛門、天王寺屋作兵衛、薪屋杢右衛門、泉屋平兵衛、誉田屋弥右衛門、鴻池善右衛門、助松屋理兵衛といった顔ぶれであった。

　鴻池が現在の今橋に両替店を開設したのは延宝2年(1674年)6月のことである。三代目宗利のころ、鴻池は尾張、紀州、越前、加賀、薩摩、熊本など32藩の大名と取引を行い、各藩より名目的な扶持をもらって、1万石の大名に等しい身の上となっていた。また、この三代目のとき、河内の沼沢地の払い下げを受けた鴻池は、早速開墾に取り掛かって8000石の新田を拓いた。これが今に残る「鴻池新田」である。

鴻池が幕末まで続いたのは、この三代目までにつくり上げられた堅固な地盤があったからで、もはや鴻池は酒造家でも廻船問屋でもなく、天下に名立たる十人両替の一人として、手広く金融業を営むようになっていた。

文政12年（1829年）の「浪花持丸長者鑑」および、弘化5年（1848年）の「日本持丸長者集」をみると、いずれも東の大関に鴻池善右衛門、西の大関は加島屋久右衛門とトップは変わっていない。

ところが、鴻池は日本一の富豪であったが、大坂一の旧家という点では天王寺家が群を抜いていた。しかも両替屋の元祖で、鴻池に商法を伝授したというからさすがである。摂津国住吉郡遠里小野の出身で、その始祖は飛鳥時代、聖徳太子の父、用明天皇のころから始まったといわれる。そこで、天王寺屋という屋号も、聖徳太子が四天王寺を創建したことを記念したものだという。天王寺屋を元祖とする両替商は、その後も時代の要請に応じて盛んになり、中でも江戸初期に活躍した小橋屋浄徳、鍵屋六兵衛などが有名である。

政治都市・江戸には遠慮して「ヘイヘイ」と一応頭を下げて従っておきながら、その陰で「実」を取ることを心掛けたのが大阪商人である。実直、律義、忍耐、正直を旨としながら、つい「始末」を忘れて贅沢を始めたため、遂に頂点から地獄へ突き落とされた豪商がいる。類まれな隆盛を誇った淀屋である。

商人にとって何よりも恐ろしいのは闕所（けっしょ）であった。商人が闕所になると、資財はすべて没収され、家屋敷も召し上げられて、それこそ丸裸のなって住居を追われてしまう。浪花商人の中で闕所になった豪商の筆頭は、淀屋である。

現在、大阪市役所のある御堂筋の、少し南に淀屋橋が架かっているが、これこそ淀屋を記念したもので、常安橋・常安町の地名もまた淀屋常安からきている。このように町名や橋の名になって淀屋の名が残っているのは、現在の中之島をつくり、大阪の中心部を砂州から陸地として開墾したのがこの淀屋だったのである。

当時の中之島は、芦原と砂州があるばかりで、まだ堂島川も土佐堀川とい

った名前もなかった。ただの砂浜にすぎなかった。今でこそ市役所をはじめ大手企業や新聞社のビルが建ち並ぶ中之島の繁栄ぶりも、実をいえば、この淀屋常安のおかげで、巨大な財力を投じて中之島の開発を願い出た常安は江戸時代前期の浪花商人の代表であった。元々は岡本姓を名乗る武士の出身であった。山城国岡本に生まれて、岡本与三郎常民といったが、父の岡本荘司は彼がまだ幼年のころ、織田信長に滅ぼされてしまった。そこで、鳥羽小林の荘司忠房を頼ってかくまわれ、小林の娘を娶った。ところが、また織田の軍勢に攻め立てられたので、大和に逃れ、その後、秀吉の世となって大阪に移り住んだのである。十三人町（大川町）に居を定めた常安は、淀屋と称して材木を商っていた。その以前に、誰も手をつけなかった淀川の堤を修復したので、淀屋を称したともいわれている。

　大阪夏の陣に際して、常安は徳川・関東方に味方した。それは、やはり時代のすう勢を読む先見の明があったからであろう。根っからの浪花っ子というわけでもなく、都会人の冷徹さで、いち早く彼は豊臣勢の没落を察して、徳川軍に協力、家康の本陣となった茶臼山に本陣小屋をつくり上げた。

　その褒美として家康は、常安に八幡の山林地産三百石と朱印を与えた。そのうえ帯刀を許され、干鰯の運上銀をもらえることになった。まだ、ある。常安は大阪冬・夏の陣で、各所に散乱している死体を片付けて、鎧、兜、刀剣、馬具などの処分を任せてもらったのである。昔から人の嫌がる仕事を引き受けると儲かるというが、この戦場整理で、常安は巨富を掴んだ。

　徳川方に賭けた常安の狙いは見事に的中して、彼は多くの権益と利益を得たばかりか、大阪の陣後の大阪で大きな発言権を持つことになった。したがって、全国の標準になるような米相場を自分の手で建てたいという彼の希望もすぐ叶えられることになった。これが、功労者・淀屋常安の願いでなかったら、あるいは許されなかったかも知れない。

　淀屋は表は北浜に、裏は梶木町（現在の北浜４丁目）におよび、東は心斎橋、西は御堂筋に至る間という広大な地域を占めていて、敷地にしておよそ二万坪を所有していたという。そこに百間四方の店を構えていた。

　当初は淀屋の店前に集まった仲買人たちが、そこで米のセリ市を行ったの

である。こうして米市が立ち、淀屋の店前で決まった値段が全国へ伝えられて、標準値となったといわれている。これが堂島の米市、後の米相場の始まりである。魚市場、雑魚場は淀屋が鳥羽屋彦七と二人で開発しているし、青物市場は京橋南詰めにあった淀屋の所有地内で開かれていた。こうしてみると、魚市場、青物市場、そして米相場の三大市場を一手に握った男、それが淀屋であった。時代が移り、四代目までは父祖の業務と身代なんとか無事に守ってきた淀屋であったが、常安、古庵、箇斎、重当と続き、五代目・三郎右衛門のとき、それは起こった。あまり驕奢が過ぎるというので、お上のお咎めを受けて遂に闕所になってしまったのである。本当にあっけない没落であった。

　そのころ、西国の大名で淀屋から金を借りていない者は一人もいないというぐらい、金融業も盛んに行っていた。蔵元、掛屋、問屋のほかに田畑を多く所有して、大名貸しを行っていた淀屋の五代目は、かなり放漫経営に流れ、まるで殿様気分で暮らしていたらしい。

　折り悪く、宝永元年（1704年）、徳川幕府は一転して質素倹約令を発することになったのである。派手な装飾をやめ、看板も簡素にと、お上が引き締め政策に転じた、その矢先に目に余ったのが淀屋の豪奢であった。まるでお上の威光、命令を無視し反抗するように贅沢を続けている町人を、このまま見過ごしておくわけにはいかないというわけである。初代常安の時代は、徳川将軍家とあれだけ親密だったのに、五代目となると全く疎遠になっていた。と同時に、淀屋が大阪商人本来の律義さと節約の精神を忘れ、あたかも大名にでもなったかのように奢り高ぶっていたことに天罰が下されたといえなくもない。"みせしめ"である。

　さらに少し穿った見方かもしれませんが、淀屋から金を借りていた諸大名が、これにより大いに助かるわけで、実は彼らの差し金だった部分もあるのかも知れない。諸大名の借金は棒引きとなり、淀屋の莫大な財産はこれを没収した幕府の所有物となった。こうしてみると、諸大名と幕府の連携による、巧みな淀屋の莫大な財産目当ての没収作戦だったと見ることもできるが…。いずれにしても、あれほどの栄華を誇った淀屋が資産没収、家屋闕所となり、

商売をやめさせられて、追放となった事実を目の当たりにして、大阪商人は浮かれ心を引き締められ、背筋の寒くなる思いをしたことであろう。

第二節　伊勢商人と近江商人の商慣習

　川柳に「町内に伊勢屋、稲荷に犬の糞」といわれたほど、江戸には伊勢出身の商人が多くその商業活動はめざましかった。日本の江戸期の前からの商業活動、商業の発達はおそらく当時の世界で最も盛んだった筈であろう。

　中世の伊勢は、東国に広く分布した伊勢神宮領から集まってくる年貢米の荷揚げや集散を行う大湊などの港が発達していた。そして、畿内と東国を結ぶ流通の要衝として桑名のような自治都市が次々に成立し、多くの廻船問屋や問屋が活躍した。また、安濃津のような海外貿易港も発達し、山田の三日市・八日市には多数の市座商人が活躍した。これらの商人の中には、大湊の角屋のように海外貿易に進出する者や、小田原の城下に進出して住みつく者、会津若松に行商する者も現れた。

　徳川家康は、慶長八年（１６０３年）、江戸に幕府を開き、江戸の町の区画整理を行い、日本橋筋を整備し税を免除して商人を招いたので、小田原や京、堺に住んでいた伊勢商人が多く江戸に移住してきた。こうした商人の中から、のちに大店商人として大成したものが出ることになる。日本橋蛎殻町に大店を構えた三井高利や上野に店を構えた大田利兵衛も、伊勢の出身であった。

　伊勢商人は、そのころ需要が爆発的に増えた木綿を扱うことによって大きな利益をあげた。木綿は十四世紀ごろ中国から輸入されたが、庶民の衣類には依然として麻が使用されていて、十六世紀後半になって、ようやく東海地方や畿内でワタが栽培されるようになり、庶民の日常衣料として莫大な需要が生まれた。伊勢松坂はそのワタ栽培の盛んな地方であった。

　伊勢の商人は、大消費地でもあり関東・東北への物資の集散地でもあった江戸の大伝馬町に出店を構え、呉服物を取引して巨額の利潤をあげた。なか

第五章　日本商業の変遷

でも、延宝二年（１６７４年）に江戸に出店し、そこから関東・東北に木綿を販売した長谷川次郎兵衛は代表的な木綿問屋であった。次郎兵衛は、伊勢出身の江戸の呉服商を集めて問屋組織をつくるなど、その連帯を強固なものにした。

　呉服屋、木綿問屋だけでなく、紙問屋、茶問屋、荒物問屋などにも進出した。これらの店で働く奉公人たちはほかの地方の出身者は採用されず、ほとんど伊勢出身者で固められていて、台所で働くものだけが江戸者で、しかも女っ気のまったくない完全な男所帯であった。

　東廻り航路と西回り航路を開拓した川村瑞賢も伊勢の出身で、江戸の材木商として、明暦の大火で巨利を得、新田開発も手がけた進取の気象に富む商人であった。

　行商から出発したのは伊勢商人である。伊勢商人と並んで広く活躍したのが近江商人で、江州商人ともいわれ、行商から出発して江戸時代には全国的な流通販売網を持って、徹底した利潤追求をしたことで有名である。近江商人はすでに鎌倉時代後半に姿を現し、延暦寺領の近江国蒲生郡得珍保の「保内商人」と呼ばれる商人が、室町時代初期から各地に行商をした。

　荘園内の農業生産だけでは生活が苦しい農民が、近江と伊勢を結ぶ八風街道や千草街道を通って、伊勢国まで行商をした。国境の鈴鹿山脈を越えて行商に行ったので、彼らは「山越商人」とよばれていた。

　これら近江商人は、延暦寺や守護の六角氏から麻、紙、陶磁器、塩、若布、海苔、伊勢布などの独占販売権を得て、牛馬を運送手段として活発な取引を行っていた。さらに、その牛馬を独占的に売買する伯楽座を組織したことにより、ほかの商人より商品輸送の点で有利となったため、その活動はますます活発になった。

　このような山越商人には、保内商人のほかに、蒲生郡の石堂商人、神崎郡の小幡商人、愛知郡の沓掛商人がいて、これらは合わせて「四本商人」と呼ばれていた。しかし、天正五年（１５７７年）に織田信長が近江における牛馬売買の権利を安土に限定したため、保内商人は伯楽座の権利を奪われてしまい、その後は衰退して行った。

さらに戦国時代末期に活躍したのが、八幡商人と日野商人である。現在の近江八幡市を根拠地とする「八幡商人」は、初め海外貿易を行っていたことは、正保四年（１６４７年）に菱川孫兵衛と西村太郎衛門が日牟礼八幡（ひむれはちまん）に奉納した安南渡海船図絵馬によっても知ることができる。

　しかし、鎖国によってそれができなくなると、国内を行商して回るようになり、利潤を得ると、大阪、京都に大店舗を構えるまでになった。江戸にいち早く出店したのも、八幡商人であった。現在の蒲生郡日野町を根拠地とする「日野商人」は関東地方に醸造業を起こし、蝦夷地では松前藩から漁場を請け負ったりもしたし、さらに、南千島に進出して水産物の流通にも貢献した。一方で、各藩の大名にも高利で金を貸し付ける「大名貸し」を行い、福井藩には十二万五千両も貸し付けたといわれる。

　このような近江商人の商法は正直、勤勉、倹約を旨とし、行商先の産物を仕入れて帰りの道中で売り歩くという往復商売をするもので、「のこぎり商い」と呼ばれた。そのため得る利潤は大きく、多少金ができると、有望な土地を選んで出店をして商圏を拡張し、それが繁盛すると江戸の日本橋、大阪の本町、京都の三条通に大店を張った。

　こうした店の経営は、本家と出店を分離する独立採算制とし、人材の育成には丁稚制度をとった。丁稚制度は従業員を丁稚として年少のうちに雇い、経験を積むにしたがって手代、番頭と昇進させてゆく。この丁稚制度の中で鍛えられた手代、番頭を経営に当たらせ、本家から別家・分業させることで彼らに報いた。また、各商家は独自の家訓を持っていたが、その共通する所は、質素、倹約、正直といった商人道徳だったのである。

　大阪商人は「始末」（節約）を重んじた。商売の辻褄が合うこと、無駄を省こうとする合理性から、ハデな装いや振る舞いを嫌う者が多かった。また商人が多い土地柄から、「株仲間」（同業者）を重要視した。伊勢商人は伊勢の本店は経営者たる主人がおり、江戸の支店の経営は支配人や番頭に一任し、独立採算制を採用していた。とにかく江戸の大店の主人から従業員に至るまで、殆ど伊勢出身の男たちであった。伊勢出身者の男所帯で固めた絆商売というべきものであろう。近江商人は行商であり、全国を天秤棒一本で行商し

第五章　日本商業の変遷

た開拓者精神が旺盛。単に「儲ければよい」いうのではなく、社会的に認められる正当な商売を信条とし、巧妙な計算や企てをよしとせず、世の中の過不足を補填することを一番とした。「薄利多売」や「売り手よし、買い手よし、世間よし」の「三方よし」などの家訓や語録を残している。

　伊勢商人の起源についておもしろい話が二つある。鎌倉時代以前、伊勢は伊勢神宮で栄えた。全国から多くの人が参拝に来たり領地が神宮領であったこともあり信長以前の時代から商業は栄えていた。奈良時代、伊勢の丹生（現在の多気郡）から産出される水銀が奈良の大仏に使われていたが、この水銀を使って江戸時代に白粉を作り事業を拡大した松阪商人を伊勢商人の発祥とする説がある。ちなみに丹生には三井始祖の母の実家がある。もう一つ伊勢は昔、勢州といわれ、今の和歌山、伊勢、松阪、津を含む地を言っていた。津に近いところに港があり、この白子港が輸送の拠点となり白子商人が発達したのが伊勢商人の発祥とも言われる。ちなみに、そばの実や木綿の種が入港したのも白子だそうである。しかし、伊勢商人の代表はやはり三井家（三越、三井物産、日経新聞、日本製紙など）である。今でも三井本家の家が松阪にある。こうしたことから伊勢商人は松阪商人だと思われる事が多いようである。江戸時代、近江日野から蒲生氏が伊勢に国替えとなり連れてきたのが近江日野商人であった。また三井の始祖高俊の父は元近江の武士であったが、その後伊勢に住まい、丹生の女性と結構したのち生まれたのが高俊である。こうしてみると近江と伊勢は色々関係がある。江戸時代以降、伊勢、近江商人とも、三方よし、質素倹約、3都商い、本家報告制、複式簿記など経営はそれほど違いがないのであるが、松阪には重工業へ発展する産業基盤と交通の便がなかったようである。今も国分、にんべん、小津などが活躍しているが多くは商業を営み松阪周辺の出身である。

　一般に各地域の商人の特徴を下記のように言われている。「近江泥棒、伊勢乞食」という言葉があるが、近江商人、紀伊国屋文左衛門がお盆で川に流された胡瓜・茄子を拾ってきて漬物して大儲けした的商売、何でも商売のネタにする。伊勢乞食とは、爪の垢で火を灯すような、出費を極力押えて銭を溜めるドケチという意味になる。久留米商人は細く長くがモットーで少な

資金でもやりくりが上手でしぶとい商売が得意のようである。博多商人は人情と助け合いがモットーで地域のコミュニティーを大事にする。京都商人は伝統と美しさと品質を重んじる都にふさわしい商売人であろう。大阪商人はアイデアと大胆さで勝負をしかける積極的な商売人が多いであろう。富山商人は雄大な北アルプスのようなおおらかな商売人が多いであろう。加賀商人は迅速で合理的な商人が多いであろう。近江商人はオン・オフのメリハリを適度に調節し安定的な商売人が多いであろう。

第三節　近代の日本商人

　日本では、十六世紀に入ってから、商人がその生業を専門化・分化させていた。座は解体したが、問屋・仲買・小売という現代につながる流通形態の発生がみられ、それぞれに株仲間を結成した。株仲間は加入者数を制限して売買を独占し、近世初期には物資供給の安定という効果があったが、商品経済の進展の深まりとともに円滑な取引の阻害要因となった。寛永年間において、江戸では三千両をもっていた者は幾人というくらいしかいなかった。ところが元禄も末になると、奈良屋茂左衛門や冬木弥平次などは一代で40万両ももつに至っている。一石一両の見積もりからすれば、これらの商人町人は40万石の大名並みの財力を有していたことになる。元禄年間は一攫千金の「夢」から商人がリスク覚悟で挑戦する時代で、この時期を元禄バブルと呼ぶ人もいる。これが元禄期の終わりと共に中国・朝鮮・オランダとしか交易できなくなったことで、国内の商売（開拓・活動範囲）が限られ、下手に夢を見て商人同士で潰し合いをすると酷い争いが生じかねなくなったため、価値観の転換が行われるようになる。享保年間までに商家では「家訓」が大量に作られるようになり、道徳を守り、信用を重んじ、家を永続させよといった「生活」に重点が置かれた内容となる（夢から生活の中に夢を包む形態）。いわば「永続主義」となり、この価値観から日本では100年以上続く商家や企業が多い一因ともなっているとされる。ただし、近代化にいち早く成功し

たヨーロッパ人には明治期の日本商人は道徳的とは映らず、マックス・ヴェーバーは『世界宗教の経済倫理』第二部『ヒンドゥー教と仏教』の中において、封建時代の倫理観の名残があることを次のように説明している。「明治維新によって藩が解体され、代わって官僚支配が導入され、封建時代に高く評価された名誉観念は一部に継承された。だが、封建的な名誉観念から、市民的な企業倫理は生まれるべくもなかった。維新後、ヨーロッパの実業家は、しばしば日本人の大商人の低級な商業道徳を嘆いた。その一因は商業を相互欺瞞の形式と考える封建的な思想によって説明されよう」として、ヴェーバーはヨーロッパ人としての視点から、明治期の日本商人が信頼に重きを置いておらず、その原因を封建期における駆け引きにあるとし、名誉観念（武士道）から近代商業の倫理は生じえないとまで断じている。

近世以降日本の主な商人

酒田：池田惣左衛門 – 鐙屋

会津：簗田藤左衛門 – 簗田屋

直江津：蔵田五郎左 – 越後屋

甲府：甲州財閥

小田原：宇野藤右衛門 – 虎屋

駿府：友野二郎兵衛 – 友野屋

清洲：伊藤惣十郎 – 伊藤屋

安土：西川仁右衛門 – 山形屋

京：角倉素庵 – 角倉屋、角倉了以 – 角倉屋、茶屋四郎次郎 – 茶屋、茶屋又四郎 – 茶屋

大阪：末吉孫左衛門 – 平野屋、淀屋常安 – 淀屋

堺：今井宗久 – 納屋、今井宗薫 – 納屋、呂宋助左衛門 – 納屋、津田宗及 – 天王寺屋、津田宗達 – 天王寺屋

大湊：角屋七郎次郎 – 角屋

敦賀：道川兵衛三郎 – 川舟屋（敦賀）

小浜：組屋源四郎 – 組屋、組屋宗円 – 組屋

紀伊：紀伊国屋文左衛門－紀伊国屋
姫路：鴻池直文－鴻池屋、小西行長－小西屋、小西隆佐－小西屋
尾道：渋谷与右衛門－大西屋
赤間関：掘立直正－下関屋、佐甲藤太郎－下関屋
浦戸：播磨屋宗徳－播磨屋
博多：神屋紹策－神屋、神屋宗湛－神屋、島井宗室－博多屋
本庄宿：戸谷半兵衛－中屋、森田豊香－酒屋
その他：謝国明、鈴木道胤、安井道頓、近江商人、伊勢商人

　三井高利と越後屋を考える上で、高利の生まれ故郷である伊勢松坂から数多く出た「伊勢商人」を理解することは重要である。

　伊勢商人は、江戸時代、大阪商人・近江商人とともに日本三大商人と言われており、発祥は織田信長が天下統一を目指した16世紀後半ぐらいと伝えられている。取り扱う商品は中部地域で生産されて、戦国時代中期から日本で流行っていた木綿で、その木綿を伊勢商人は京をはじめ全国に売り歩いたという。

　当時の木綿は高級品で、大いに儲けた伊勢商人の中には戦国時代末期には材木・紙・酒、さらには金融業・両替商を営む者まで現れるようになり、江戸時代に入ると京、大坂、江戸に商売のネットワークを作り、商品を運んだり、販売店舗を出したりするまでになった。

　特に江戸では、伊勢商人は「伊勢屋」「丹波屋」の屋号を主に使い、「江戸名物、伊勢屋、稲荷に犬の糞」と当時の江戸っ子が陰口を言うほど、伊勢商人の店の数が増えた。江戸中期の『落穂集』という本には、ある町の一町のうち半分は伊勢屋であったと記載されている。特に元禄時代には、三井高利の越後屋、伊豆蔵、大黒屋、家城という四大呉服店が栄えたが、この4店以外の伊勢商人出身者として河村瑞賢などの豪商も出現した。

　そして伊勢商人の師弟は親戚の店を頼って江戸に出て、商売のイロハを学んだという。若き日の三井高利が江戸の兄の店で修行したのもこの流れに沿ったものと考えられる。大規模な伊勢商人の特徴は、本店を地元に置いて主人が経営に目を光らせ、江戸店は息子・番頭・手代などに委ねるのが一般的

であった。江戸店の雇用は支配人から丁稚に至るまで、ほとんどの店員が伊勢出身者で占め、地縁で結ばれた家族的な職場とした。

　このシステムは後、高利がそっくり越後屋に取り入れて、越後屋独自の店舗システムを作り上げた。

第六章　日本の商社

　江戸時代の末期、幕府が鎖国政策を解き開港した頃に、商社のはじまりといわれる会社をつくったのが坂本龍馬であった。明治時代に入ると、商社は政府がめざした日本の近代工業の育成に協力した。

第一節　江戸末期～明治中期

　日本で初めて商社ができたと言われるのは、江戸末期の「幕末」と呼ばれている時代である。くわしく言うと、200年以上続いていた江戸幕府の鎖国政策が解かれた1854年の「安政の開国」のあとのことである。この時代の有名なヒーロー、坂本龍馬の名前は知っている。じつは、この坂本龍馬が、商社のはじまりといわれる「亀山社中」をつくった人なのである。龍馬がつくった商社は、近代化の遅れた古い体制の江戸幕府を倒そうとしていた長州藩や薩摩藩のために、イギリスから最新の軍需品や蒸気船を買って応援した。つまり、龍馬の商社は新しい日本をつくるのに大事な役割をはたしたという。
　江戸幕府が倒れて、新しい明治政府ができると、大都市に洋風建築・ガス灯・洋服といった西洋の新しい文化が急速に広まった。この時期は「文明開化」と呼ばれている。西洋の珍しいものを人々が欲しがったから、日本の貿易商人や商社は、もちろん、そういうものをたくさん輸入しようとした。それだけではなく、外国の人たちが欲しがっていた日本の生糸や茶などを輸出

第六章　日本の商社

しようとした。けれど、初めのうちはなかなか日本側の思うようにいかなかったのである。なぜというと、その頃は日本に在留していた外国の商人が貿易を独占していたからである。

　二、近代工業の育成と商社。新しい明治政府は、イギリスやアメリカなどの「列強」と呼ばれる国との国力の差をうめるために、近代工業を育成した。主な輸出品だった生糸などを生産する製糸工場や紡績工場をいくつも作った。その工場で動かす近代的な機械を外国から買い入れたのは商社である。また、こうした工場で生産された綿糸や織物、生糸などを外国にたくさん売ったのも商社なのである。やがて工場の機械が電気で動くようになると、今度は大量の電気をつくれる設備が必要になってきた。そこで、また商社の出番がくる。商社は外国から最新の発電設備を買い入れて、発電所をつくるのを助けた。商社は明治政府と協力して、日本の近代工業の育成を支えたと言える。

　この時代に多くの大事件が起きている。1840〜1842年、アヘン戦争が勃発した。麻薬であるアヘンの貿易をめぐって清（中国）とイギリスの間で起こった戦争であった。清の敗戦を知った幕府はイギリスやアメリカなど当時の強国（欧米列強）への態度を軟化させ、これがやがて開国の大きな要因となり、明治維新へとつながる。1853年、黒船来航である。ペリーがひきいるアメリカ東インド艦隊の黒船が浦賀にやってきて、日本に開国することを求めた。1854〜1855年、安政の開国－日米和親条約などが結ばれる。この条約で、日本はアメリカに対して、下田、箱館（函館）の開港、船への水や食料などの補給、下田に領事館をおくことなどをみとめ、開国に向けての第一歩をふみだした。その後、イギリス、ロシアとも条約を結び、長崎も開港することになる。また、海外渡航を解禁した。1858年、安政5カ国条約が結ばれる。幕府はアメリカ、イギリス、フランス、ロシア、オランダの5カ国とそれぞれ修好通商条約を結んだが、その内容は日本にとって不利なものをふくむ不平等条約であった。1865年、坂本龍馬らが亀山社中をつくる。薩摩藩などから資金などの助けを受け、坂本龍馬らが中心となって、商社活動の先がけとなったといわれる亀山社中、のちの海援隊をつくる。1867年、

大政奉還である。第15代将軍徳川慶喜が政権を朝廷に返した。これにより、江戸幕府は終わりをむかえた。

坂本龍馬は江戸時代の終わり、「幕末」と呼ばれている頃に活躍したヒーローと言って良いであろう。この頃の日本は、開国はしたものの、その後の日本のあり方、将来をめぐって、近代化の遅れた古い体制の江戸幕府と、江戸幕府を倒して新しい日本をつくろうとするグループの勢力がぶつかり合っていた時代なのである。坂本龍馬は、そんな中で、新しい日本をつくるグループの味方をした人である。なぜ味方したかというと「今のままでは、日本は強い外国の植民地になってしまう」。そうならないために、「日本は新しい国に生まれ変わり、貿易をして豊かになり、強くならなければならない」と考えたからである。

やがて龍馬は、江戸幕府幕臣・勝海舟に学んだ航海術を生かし、外国との貿易を始めたのであるけど、そのときにつくった会社が「亀山社中」という日本で最初につくられた海運・貿易会社である。この会社が民間としてはじめて貿易取引を行ったことから「商社」のはじまりと言われているのである。「カメヤマシャチュウ」など、少しおかしな名前である。だけど、この頃には「○×株式会社」などという言い方がなかったからしょうがない。

亀山社中記念館「亀山」というのは、この会社ができた長崎市の亀山という場所のことである。「社中」というのは、「結社」という意味の江戸時代で、共通の目的のために組織された団体や会社、という意味である。名前はヘンだけど、この「亀山社中」は、歴史上とても大事な役割をはたした。

この頃、幕府を倒そうとして一番がんばっていたのは、薩摩藩（鹿児島県）と長州藩（山口県）だったのである。これは、もう学校で習ったかもしれない。そんな薩摩藩や長州藩に対して、幕府だって黙ってはいなかった。いざとなったら、武力を使ってやっつけてやろうとしていたのである。もしそうなったら、戦争になる。戦争になったら、軍備をたくさん持っている方が強い。この時代に強い軍備といえば銃なのである。刀ではダメ。ところが、薩摩藩や長州藩には、銃がたくさんはなかった。

軍備が必要だった薩摩藩と長州藩には頼れる味方がいた。その味方が外国

からたくさんの銃を手に入れてくれた。その味方というのが、そのとおり、坂本龍馬がつくった「亀山社中」なのである。亀山社中は物の運搬や貿易の仲介を主な仕事にしていた。そして、イギリスと貿易をして外国の最新の軍備を手に入れ、それを薩摩藩や長州藩にどんどん運び込んだ。性能のいい銃だけではなく、長州藩のためには、なんと軍艦として使える蒸気船まで用意してあげた。

　もう一人、薩摩藩と長州藩には強い味方がいた。長崎県の観光名所になっているグラバー園で知られたイギリス人、グラバー商会のトーマス・ブレーク・グラバーである。龍馬はグラバー商会から軍備を買っていた。実は、薩摩藩と長州藩は、最初は仲が悪かった。龍馬は幕府ににらまれて軍需品を外国から買えなかった長州藩のために、薩摩藩の名前で軍備を購入してあげたり、またその見返りに長州藩のお米を薩摩藩に渡すなどの交易を通じて、2つの藩の仲を取り持った。

　こういうことがあったから、薩摩藩や長州藩は、幕府より強くなることができた。そして、1867年に大政奉還が行われて幕府が倒れることにつながったのである。つまり、龍馬がつくった商社は新しい日本をつくるのにとても大事な役割をはたしたというわけである。

　この時期に起きた大きな社会のできごとは主にこのようなことである。1868年（明治元年）に王政復古の大号令で近代国家の始まりである。朝廷が江戸幕府と摂政・関白の廃止と、それに代わる新しい職（三職）を置く明治新政府の樹立を宣言した。1869年にスエズ運河が開通された。運河の開通によって、アフリカ大陸を回らずにヨーロッパとアジアを船が行き来することができるようになった。このことが世界貿易に大きな効果をもたらすことになる。1871年に廃藩置県が行われた。それまであった全国の藩を廃止して府県を置いた。これにより中央政府に権限を集中した統一的な国家の土台が固まった。1872年に日本で初めての鉄道が開通された。政府の決定にもとづいて1870年に工事が始められた新橋－横浜間の鉄道が開通した。

　明治時代になると、政府はまず、日本を近代化するために、欧米諸国の文化や技術、制度などを取り入れることに力を入れた。これが文明開化と呼ば

中国の商業文化と日本の商業習慣

れる動きである。その中で、日本は西洋との圧倒的な国力の差があることに危機感をいだき、欧米諸国に対抗するために国家の近代化を推進する殖産興業（新産業育成）や富国強兵、脱亜入欧など、いろいろな政策をとった。

　文明開化で、大都市には西洋の新しい文化が急速に広まった。1872年に横浜と新橋の間に最初の鉄道が開通し、人力車や鉄道馬車が街を走るようになり、洋風建築やガス灯、洋服、洋食などが普及した。簡単に言うと、西洋のものが大流行した。学校の教科書では、これらを文明開化と言っている。ところが、外国のものを輸入するのは商社の仕事になる。だから、この頃の商社も、当然、流行していた西洋のものを輸入しようとした。だが、なかなか思うようにはいかなかった。この頃の資料を調べてみると、日本の商社が輸入したものの合計金額は、輸入全体の金額のわずか1.3パーセントしかない。これでは、輸入がうまくいっていたとは言えない。それ以外の分は誰が輸入したかというと、それは日本に在留していた外国の貿易商人たちになる。この頃は、外国の商人の力がとても強かったから、日本の商社は思うように活動できなかった。

　文明開化だからといって、西洋のものを買ってばかりだと、日本からお金がなくなってしまう。新しくできた明治政府は日本の産物を外国にどんどん売って、つまり輸出をして、お金を得ようとした。この頃の外国は、日本の生糸や茶、銅などを欲しがっていたから、そういうものをできるだけたくさん売ろうとした。もちろん、日本の商社もそんな明治政府に協力した。日本の産物を外国に直接輸出しようとした。だが、これもあまりうまくいかなかったのである。この頃の日本の輸出全体の金額のうち、商社が輸出したものの金額の割合はわずか1.5パーセントであった。ほんの少ししか輸出できなかった計算になる。なぜそんなに少ないのかというと、前に書いたのと同じ理由であった。つまり、この頃は外国の商人が力を持っていたから、日本の商社は思うように仕事ができなかった。

　この頃に起きた社会のできごとは下記のようである。1872年に富岡製糸場がつくられる。群馬県富岡の日本で最初の機械を使った製糸工場である。そのころの日本にとって最大の輸出品だった生糸の品質や生産性向上を目的

につくられた。1876年に電話機が発明された。アレクサンダー・グラハム・ベルが電話機を発明し、フィラデルフィアの万国博覧会に出展して、金賞を受賞した1877年に西南戦争が勃発した。西郷隆盛を中心とする鹿児島県の士族による反乱が起き、明治初期に起きた士族の反乱のうち最大のもので、日本最後の内戦となった。1881年に国会開設の勅諭が出され、1890年（明治23年）に国会（議会）をつくること、憲法を定めることなどを明治天皇が示したものである。1883年に鹿鳴館が完成され、外国との不平等条約の改正に向け、外国からの重要な客や外交官をもてなすことを目的に、明治政府によって東京・日比谷に建てられた社交場が誕生した。1885年に初めての内閣が成立し、それまでの太政官制度に代わって、新たに内閣制度がつくられ、初代の内閣総理大臣として伊藤博文が任命された。1889年、大日本帝国憲法（明治憲法）が発布され、ドイツの憲法を手本としてつくられた。主権は天皇にあることが今の憲法との最大の違いである。国民は「臣民」とよばれた。

　明治政府は日本を豊かな国にするために、近代工業を育成しようとした。手作業で糸を作る工場制手工業が江戸時代から続いていたが、明治政府はそこに機械を取り入れて、もっと効率よく糸を生産し、外国に輸出をしようとした。そして、糸を作るための製糸機械や紡績機械をそなえた工場をいくつも建てた。その中でも富岡製糸場は有名であるし、教科書にものっている。ところで、工場に必要な製糸機械や紡績機械などはその頃の日本にはなかった。つまり、工場を建てることができても、中に入れる機械がない。外国から機械をなんとかして手に入れなければいけなかったわけである。

　明治政府が建てた製糸工場や紡績工場に、必要な近代的機械を用意したのは商社である。商社は外国から製糸機械や紡績機械を輸入して、それを工場に運び入れた。その機械のおかげで、工場は生糸や綿糸をどんどん生産できるようになり、日本の生糸や綿糸の生産量が大きく増えた。また、この頃は水力や蒸汽で機械を動かしていたが、やがて電力で動く機械にかわった。今度は、機械を動かすために大量の電気が必要になる。そこでまた商社の出番がくる。商社は発電所に必要な最新の発電設備を外国から輸入した。こうし

た商社の仕事のおかげで、生糸や綿糸の生産量はますます増えた。商社は明治政府に協力して、日本の近代工業の発展を支えたと言える。こんなふうにして生産量が増えた生糸や綿糸、織物などを輸出するために、商社が相手を探し、徐々に貿易先を増やしていた。その結果、外国のお金が日本に多く入ってきて、日本はますます豊かな国になった。

　明治時代後期から大正時代中期の商社は、欧米列強の仲間入りをめざして重工業を発展させようとした明治政府のために働いた。大正時代におきた第一次世界大戦のときには、日本政府の命を受けて連合国のために必要なモノをヨーロッパに送った。

第二節　明治後期〜大正中期

　明治後期頃には、日本に近代工業が育ってきた。明治政府はそれをもっとさかんにして、国の力を強くし、欧米列強の仲間入りをしようとした。そのために、軍事工業を中心とする重工業を発達させることに努めた。ところで、重工業には鉄が要る。その鉄を作るために必要な鉄鉱石や石炭は日本ではあまり多く採れない。そこで商社が外国にたくさんある鉄鉱石や石炭を輸入した。それが日本の重工業の発展を助けることにもなった。

　第一次世界大戦で、日本は連合国側（イギリス、フランス、ロシア、イタリア、アメリカ合衆国）を支援した。戦争となれば、戦うための軍備が必要になる。だが、連合国ではそれを作ることができず困っていた。そこで、日本が作った軍需品を連合国に供給した。商社は日本政府の命を受けて、軍需品をヨーロッパまで送る手伝いをした。

　産業が近代化するに従い、商社ブームがやってきた。大正時代がわずか14年間であったが、この短い時代は日本の産業の近代化と商社の発展にとって、とても重要な時期であった。当時、日本の産業は、繊維産業を中心とする軽工業が発展していて、さらに鉄鋼産業を中心とする重工業が発展しはじめ、日本の近代化が加速していた時期であった。そのため、さまざまな産

業や企業が誕生した。そうなると、外国との貿易取引も活発になる。そこで商社が活躍した。明治の終わりから大正にかけて、商社の仕事や活動の場が一気に広がったことから、多くの新しい商社が誕生した。当然、商社同士の競争も激しくなっていった。

　1914年に第一次世界大戦がはじまった。ヨーロッパの列強が参戦したために、ヨーロッパからの輸出がストップしてしまった。そこで、日本商社の仕事や活動の場が大きく広がった。ヨーロッパからの輸入品が入らなくなってしまった日本国内をはじめアジアに、日本製品を販売、輸出する絶好の機会が訪れた。ヨーロッパ向けに軍需という戦争に必要な物資の輸出も相当増えた。おかげで日本経済は空前の好景気となり、商社の取り扱う商品、販売先が大きく広がった。言ってみれば、大正時代は商社ブームの時代であった。

　この時期の大事件は主に1894～1895年に起きた甲午戦争などである。甲午戦争とは、朝鮮をめぐって起こった日本と清との戦争で、対外拡張戦略を実施してきた日本帝国主義が東アジアの主導権を奪うために起こした侵略戦争であった。この戦争での勝利が明治維新前にアメリカやヨーロッパ諸国と結んだ不平等条約を改正するきっかけのひとつとなった。1901年に八幡製鉄所の操業が開始され、現在の福岡県北九州市八幡東区につくられた官営の製鉄所である。日本で初めて銑鋼の一貫操業を行った。建設費には甲午戦争で得た賠償金があてられた。続いて、1904～1905年には日露戦争が勃発した。イギリスと日英同盟を結び、帝政ロシアと満州・朝鮮をめぐって争った戦争であり、中国で領土で戦ったこの戦争言うまでもなく侵略戦争だが、当時の中国の弱さ、帝国主義日本の台頭を示すものでもあった。日本はこの戦争に勝って、樺太（サハリン）の南半分を領土としたが、賠償金は得られなかった。1911年、日米通商航海条約により関税自主権を完全回復した。この条約により、外国の商品に対する関税を自由に決められる関税自主権を完全回復した。江戸時代末期の不平等条約（1858年の日米修好通商条約）改正のため、1894年に最初の日米通商航海条約が結ばれ、この時に治外法権の撤廃、関税自主権の一部回復がなされていた。この年に結ばれたのは、それを完全改正した新条約である。日本が欧米列強の仲間入りを果たした。いわゆる「脱

亜入欧」が実現した形になった。この頃の日本は、江戸時代から比べると、だいぶ近代的な国になっていたが、欧米の国に比べるとまだまだ大きく遅れていた。欧米の国の方が経済力も、軍事力も大きかった。とくにイギリスやフランス、オランダ、アメリカなどは強かったから「列強」と呼ばれていた。ロシアやドイツも列強の仲間に入っていた。後進帝国主義国である日本は更なる飛躍を目指したが、重工業には鉄がいるが、日本には鉄がなかった。欧米列強の仲間入りをしようとした明治政府が力を入れたのは、軍事工業を中心とした重工業であった。軍需品をたくさん作って、軍備を増強しようとした。ところで、軍需品の多くは何でできているというと、鉄鋼でできているのである。だから明治政府は軍備を増やすために、まず材料になる鉄をつくろうとした。そのために、甲午戦争で得た賠償金を使って、あの教科書にものっている八幡製鉄所を建てた。鉄は鉄鉱石という石から作るわけで、鉄鉱石を石炭とまぜて高温の火でとかすと、中から鉄分がとけ出してくる。それを冷やしてかためたものが鉄になる。つまり、鉄を作るには、鉄鉱石がどうしても必要である。その鉄鉱石は日本ではほんの少ししか採れない。鉄鉱石を外国から輸入して、鉄をつくれるようにするため、商社が動いた。

　鉄鉱石がないと鉄がつくれない。そうなると、明治政府が望んでいたような欧米列強の仲間入りもできない。そこで、外国にある鉄鉱石を日本に運んだのは商社である。つまり、輸入した。中国やインドでは鉄鉱石がたくさん採れたから、日本の商社がそれを買って、日本の製鉄所に運んだ。だから、製鉄所では鉄をどんどん作ることができたというわけである。日露戦争では、その鉄から機械や兵器ができ、日本は強くなり、明治政府が考えていたように日露戦争にも勝つことができた。そして、欧米列強にまけない力のある国として、世界からみとめられるようになった。そのうらには、商社の働きがあった。

　専門商社という新しいタイプの商社が数多く生まれたのもこの時期である。日本の近代化が明治時代にはじまった。国の政策で、西洋の技術を積極的に導入して、産業を発展させようとした。甲午戦争後は繊維や食品などの軽工業が発展して、日露戦争前後の時期は軍備に力を入れたこともあって、

鉄鋼や船舶など重工業が発展した。これで産業の幅が大きく広がった。商品の種類が多くなり、輸出・輸入の機会が増えた。そのため、明治時代の終わりごろから数多くの商社が誕生した。特に目立ったのが専門商社である。特定の分野の商品を専門に取り扱う商社のことを指す。綿花輸入商、洋反物輸入商、綿糸輸出商、生糸輸出商、羊毛輸入商、鉄鋼専門商など、実にさまざまな商社が生まれた。

　ところが、この時代の商社の活動は今とは少し違っていた。当時はまだ日本の外国人居留地に設置された外国商館の外国商人から商品を輸入することが多かった。それでも、直接海外と貿易をする商社も増えていた。だんだんと近代的な商社ビジネスに近づいていたと言っていいかもしれない。また、当時の商社事業は生産者と消費者の間に入って、商品の取引を仲介して、仲介手数料をもらうコミッション・ビジネスが中心であった。しかし、仲介手数料だけでは利益は大きくない。だから、商社自らが商品を仕入れて売る買越や商社自らが注文を受けて販売する売越という新しい商売も行っていた。外国から安くモノを仕入れて、高く売れれば利益も大きくなる。この方法で商売する商社もあった。

　1914年にパナマ運河が開通され、運河の開通で太平洋と大西洋（カリブ海）が結ばれ、それまで南アメリカ大陸を回っていたニューヨーク－サンフランシスコ間の航路は半分近くにまで短くなった。1914～1918年、第一次世界大戦

　同盟国側（ドイツ・オーストリアなど）とイギリス・フランス・ロシアを中心とする連合国側との対立が原因となって起こった世界的規模の戦争に日本は日英同盟によって連合国側に立ち、参戦した。日本は物資の供給で連合国側を支援したことから、戦争特需で好景気となり、工業生産が大きく増えた。1917年、3月革命で帝政ロシアが倒れ、10月革命でソビエト政府ができた。第一次世界大戦後の社会不安から、3月に労働者や兵士が蜂起し、帝政を打倒して臨時政府が成立したが、さらに10月にレーニンの指導するボリシェビキが武装蜂起し、世界初の社会主義政権を樹立したのである。1918年には、米騒動－全国的な大民衆暴動が起こった。米の価格が急激に上がったことを

きっかけに民衆が、県外への米の積み出しを阻止したり、米屋を襲ったりした事件で、富山県で起こった事件が新聞で報道され、全国各地に広がった。

　この時期に日本の商社はアメリカ、ヨーロッパなど海外に進出しはじめた。1914年に第一次世界大戦が勃発した。人類最初の世界大戦である。イギリス、フランス中心の連合国と、ドイツ帝国、オーストリア＝ハンガリー帝国中心の同盟国が主にヨーロッパを舞台に戦った。日本も日英同盟を結んでいたから参戦した。この戦争は日本の経済や商社に大きな影響を与えた。甲午戦争や日露戦争の時と同じように、戦争が起きると軍需が生まれる。この時も戦争中のヨーロッパへの軍需品の輸出が増えた。さらに、ヨーロッパからの輸入が途絶えてしまったアジアに対して、日本が代わって物資供給の中心国となったことから、商社の仕事や活動の場が一気に広がった。また、外国商館の在日のイギリスやドイツの商社は、ヨーロッパの戦乱の影響から、日本でほとんど活動ができなくなってしまった。その分、日本商社の仕事が増えた。こうして、第一次世界大戦の特需から、日本企業は空前の利益を上げ、日本経済は好況）に沸いた。特に、造船、製鉄、繊維分野が目ざましい発展を遂げた。商社はこのチャンスを積極的に活かし、国内のみならず海外へも事業を拡大させていた。この時期に多くの商社は、中国、台湾、ニューヨーク、ロンドン、シンガポールなどに事務所を開いた。商社で働く人もどんどん増えた。商社ブームといわれるほど商社はかつてないほどに栄えた。景気がよくなったそのうらには商社の働きがあった

　第一次世界大戦の頃の日本では、工業がいちじるしく発展した。連合国へ軍需品を供給するために軍事工業がさかんになったのはもちろんだが、それ以外にも、製糸業や、化学・金属・機械・造船などの重工業がものすごく発達した。つまり、そういうものを大量に生産できるようになった。生産したものを日本の商社が外国にどんどん売った。輸出をしたわけである。たくさんのものを輸出できたので、輸入より輸出の方が多くなった。外国から買うより、外国に売る方が増えた。売る方が多いわけだから、もうかる。もうかれば、日本にお金がたまって、景気がよくなる。そして、日本の経済はますます発展した。その発展のうらには輸出でがんばった商社の働きがあった。

アジアでは、第一次世界大戦のせいでヨーロッパからの輸入が途絶えてしまった。これをカバーしたのが日本である。そのおかげで、日本の繊維産業をはじめ重工業は盛んになって、輸出が増えたため、色々な商社が数多く誕生した。ただ、その時代は長くは続かず、そのあとの世界恐慌や第二次世界大戦のときには商社は難しい局面を迎える。

第三節　大正後期〜昭和初期

　第一次世界大戦が終わってしばらくすると、ヨーロッパの生産が回復し出したため、日本からの輸出が落ちはじめた。株価も暴落して景気が悪くなり、モノが売れなくなった。多くの企業で事業拡大のための借金が膨れ上がっていたので、これが大きな負担となって返済に苦しんだ。こうした出来事は、「1920年恐慌」と呼ばれている。その影響で、第一次世界大戦の時に誕生した多くの商社が破たんした。さらに、1923年に関東大震災が起こり、日本経済はどんどん不況に陥っていた。時代が昭和になってすぐに、日本経済は再び大きな試練に襲われた。それが、1927年に起こった「昭和金融恐慌」である。銀行への「預金の取り付け騒ぎ」が起きて日本中がパニックになった。国が予算を減らした緊縮財政策による物価の下落や関東大震災で発生した不良債権などから生じた金融不安が主な原因と言われている。

　1930年代に入ると徐々に産業が回復しだして、商社もアジアとの繊維貿易に力を入れたり、機械や鉱物資源、セメントなどを取り扱かったりして、日本の重工業化の発展を支えた。一方、この時期に、九一八事変で日本は国際連盟）を脱退し、徐々に国際的に孤立するようになっていた。そして1941年に、太平洋戦争に突入した。商社もこの世界大戦に巻き込まれてしまった。戦時体制下において商社のビジネス環境は大きく変わった。自由な活動は徐々に制限され、日本の「国策」に協力する以外に道はなかった。

　この時期、1919年にベルサイユ講和条約が結ばれた。第一次世界大戦の戦後処理のため連合国とドイツとの間で結ばれた講和条約である。パリのベルサイユ宮殿で調印されたことからこう呼ばれている。1920年、第一次世

中国の商業文化と日本の商業習慣

界大戦中、アメリカや日本では、戦場であるヨーロッパに製品を供給することで好景気となっていたが、戦争が終わり、ヨーロッパの産業が復興して、戦争前の供給体制に戻ったあともアメリカや日本からの供給が調整されず、さまざまなものが過剰となり、一気に景気は低迷して不況に陥った。1920年、国際連盟ができる。アメリカ大統領ウィルソンの呼びかけによって、世界平和を保ち、国際協力を進めることを目的につくられたが、第二次世界大戦が始まると、事実上活動停止となり、国際連合が成立した後の1946年に解散した。1922年、ソビエト社会主義共和国連邦（ソ連）が成立した。建国は1917年だが、1922年に15の共和国からなる多民族国家として正式に成立した。アメリカとならぶ世界の二の大国であったが、後に1991年12月に解体した。1923年、関東大震災が起きた。9月1日の昼に、関東をおそったマグニチュード7.9の大地震による災害である。南関東から東海地方にわたる広い地域で被害が発生し、死者・行方不明者は10万人を超えた。人や建物の被害もきわめて大きかったが、その混乱のさなかにいろいろな事件が起きた。恐慌と震災に日本経済も商社も大きな打撃をうけた。

　第一次世界大戦が終わった1918年以降も、しばらくはヨーロッパの復興需要で日本の輸出は引き続き盛んに行われ、たくさんのお金が事業に投資されていた。商社も、戦中に引き続き外国との貿易を拡大していた。一方、この期間の商社ブームで新しく生まれた商社の中には、無理をして不慣れな取り扱い商品を増やして事業を拡大するところもあった。ところが、1920年に入ると株価が暴落し、経済が混乱しはじめた。さらに、ヨーロッパの生産力が回復しだしたために、日本からのヨーロッパへの輸出は減りはじめた。戦争後も好況が続くと思って、事業拡大を進め、大きな借金をしていた企業は商品が売れなくなって大きな負債を抱えることになった。これが、「1920年恐慌」のはじまりである。

　商社も同様に大きな影響を受けた。多くの商社が経営危機になって破たんした。破たんしなかった商社でも、大幅なリストラや事業を縮小するなどしてなんとか生き残りを図った。他の商社と合併して生き残った商社もあった。それくらい大変だったわけである。さらに、1923年には、マグネチュード7.9

の大正関東地震が起きて、多くの人命が失われ、産業も大打撃を受けた。この関東大震災の被害が原因で破たんした商社もあった。この2つの大きな危機によって、日本経済は非常に苦しい時代に入っていった。

　この時期に、1927年に昭和金融恐慌が起こった。第一次世界大戦後の不況に加えて、関東大震災のため支払いができなくなっていた「震災手形」が不良債権となっていたことなどから、金融不安が生じていた。そこに大蔵大臣が実際には破たんしていなかった銀行を国会で破たんしたと説明したため、不安が一気に表面化し、「取り付け騒ぎ」が起きて、いくつもの銀行・企業が休業に追い込まれた。1929年、ニューヨークから世界恐慌が始まった。10月24日木曜日、アメリカのウォール街にあるニューヨーク証券取引所で、株価が大幅に値下がりした。アメリカではこの日を「暗黒の木曜日」と呼ぶ。多くの銀行が閉鎖され、企業も数多く倒産した。その影響はヨーロッパをはじめ、世界に広がり、世界大恐慌となった。1933年、日本が国際連盟から脱退した。国際連盟総会で、満州における中国の統治権を認め、日本軍の引き上げを求める報告書が採択されたことから、日本は連盟脱退を通告した（正式な脱退は2年後の1935年）。日本の傲慢さを世界に晒した典型的な例である。1933年、アメリカでニューディール政策を実施した。1929年に始まった世界恐慌対策として、アメリカのフランクリン・ルーズベルト大統領が行った政策をまとめてニューディール政策だという。失業者の雇用、産業の統制、労働者の保護などを目的に制定された制度や法律は膨大な数に上る。1938年、国家総動員法が公布された。拡張、侵略戦争に備えて総力戦体制を取るため、国の経済や暮らしを政府が統制できるよう法律で制定した。第一次近衛内閣によって制定、公布され、1946年1月まで続いた。

　1931年9月18日、日本軍が柳条溝で中国東北地方の軍閥である張作霖を爆死し、直後に東北全域を武力で占領した。蒋介石の国民政府も張学良も事態をうまく把握できず、日本軍国主義者の侵略野心を甘く考え、事態を収拾不可能にしてしまった。これが第二次世界大戦の始まりである。欧米も日本も1939～1945年を第二次世界大戦の期間としているが、中国無視の傲慢な見方だと言わざるをえない。以後14年に渡り、中国は厳しい抗日戦争を戦い、

1945年に勝利者として終戦を迎えた。忘れてはいけないこの歴史事実は今でも東アジアに大きな影を落としている。

　1939年、ナチス・ドイツがポーランドに攻め込んだことをきっかけに、イギリス・フランスの対独戦争、独ソ戦争、太平洋戦争と戦火が広がり、ドイツ、日本、イタリアの三国同盟を中心とする枢軸国陣営と、中国、イギリス、フランス、ソ連、アメリカなどの連合国陣営との間での全世界的規模の戦争となった。1941～1945年、太平洋戦争が勃発した。12月8日、日本軍が軍事的冒険をかけ、ハワイの真珠湾を攻撃しアメリカと開戦、太平洋戦争が始まった。主に東南アジアなど太平洋地域が戦場になり、日本はアメリカ、イギリス、オランダ、中国と戦った。1945年8月15日に日本が降伏して戦争は終わった。1941～1945年には、六大都市で米穀配給制度も実施された。戦時下にあって、米不足が心配され、東京、横浜、名古屋、京都、大阪、神戸で米が配給制になった。配給制とは、物資を配る方法や量を国が決め、行う制度である。商社も倒産する大不況が来た。時代は昭和に入っても、日本経済は低迷していた。そのため、経営状態が悪い銀行が多くなり、人びとは金融に不安を感じていた。そして1927年、「昭和金融恐慌」が起きた。人びとが自分の預金を引き出すため、銀行に殺到した。いわゆる、「預金の取りつけ騒ぎ」である。お金が回らなくなったため、銀行は休業に追い込まれ、商社の倒産も起きて、経済はとても混乱した。さらに、1929年には、アメリカの金融の中心地、ウォール街のニューヨーク証券取引所で株価が大暴落したことをきっかけに、世界的な規模で金融恐慌が起きて世界恐慌が始まった。世界全体が、大不況になってしまった。

　当然、商社も大きな影響を受けた。商社は第一次世界大戦の頃から外国同士の貿易を仲介する外国間貿易に力を入れていたが、世界大恐慌や激しい国際競争によって活動を縮小せざるを得なくなった。そこで、商社はこのピンチを乗りきるために、日本国内での取引に力を入れた。家庭用の石炭、工場用の扇風機やモーターなど電機、それに鶏卵やニワトリのエサなどを取り扱った。ただ、商社のこうした活動は、地方の農業や工業の発展にも貢献した一方で、昔から事業をしていた中小の問屋などの企業にとっては、商売を奪

われるかたちになってしまった。そのため、商社に対する反発も一部では起こった。

　商社も一緒になって繊維を日本の代表的な産業に育てた。昭和初期の経済状況は大変だったが、日本の綿業が栄えた時期でもあった。この時代の綿工業の発展は綿製品を作る紡績メーカーだけでは成しえなかった。商社が原料となる安価で良質な綿花や外国の近代的紡績機械を輸入し、さらに生産された綿製品を外国に販売、輸出して貢献したことが大きかった。商社は中国、アメリカ、インド、ときには中東や南米、アフリカの奥地にまで入って行って、綿花を買って輸入した。そして、生産された綿糸布を世界各地に売り込み、輸出した。こうした努力が実って、綿産業は大きく発展した。また、商社は羊毛を輸入して毛織物産業の成長にも貢献した。そのほかにも絹、化学繊維などの繊維産業が盛んになり、この時期の日本の代表的な産業となった。それは、紡績会社とともに商社ががんばったからにほかならない。

　だが、経済も貿易も国が統制し、商社は自由を奪われた。1930年代になると、日本の政治・経済に変化が現れはじめた。陸海空軍の軍部が、内政や外交に介入してきた。その影響から軍需優先の政策がとられるようになった。そのため、企業は軍需拡大を期待して、輸入が大幅に増えたが、輸出はあまり伸びず、外国への支払いばかりが多くなってしまって、貿易収支は大幅に赤字になってしまった。だから、輸入を減らす制限をしなくてはいけなくなった。そこで、国は貿易活動を規制するために、輸入為替管理令、輸出入等臨時措置法という命令を出して、貿易統制を行った。輸出入量や輸入品を原料とする製品の消費などを国が制限できるようにした。

　そのため、商社は積極的に重化学工業へ投資を行ったり、中国や東南アジアへ進出していた。また、繊維や鉄鋼を専門に扱う商社も貿易統制のために自由に活動することができなくなったことから、中国など海外で事業を行うようになった。この時期に最も注目された地域が中国の東北地方、満州である。新しい経済圏として日本が重視していた。満州との貿易が増えたおかげで、それまで不振だった鉄鋼、造船も回復し、景気が良くなった。さらに、重化学工業も発展しはじめた。そこで商社は、これまでの繊維や石炭・石油

に加えて、機械、鉱物資源、肥料も取り扱うようになっていった。これで日本経済はようやく回復したかにみえたが、戦争の影がすでに日本を覆い始めていた。

　輸入貿易管理令が1949年（昭和24年）に公布された。輸入管理に関する「外国為替及び外国貿易法」の施工のための政令の一つで、輸入承認制が定められた。貨物を輸入するには通産大臣の承認が必要で、また、輸入割当制が定められ、通産大臣から輸入割当てを受けた貨物のみ輸入が可能であった。輸出入品等臨時措置法は1937年に施行された。戦時における貿易・物資統制の基本法である。当初、国際収支の均衡を図るために「貿易および関係産業調整法」を定めたが、戦争が拡大したため、規制対象を広げた法律が制定された。本法は政府が必要と認めれば、物品を指定して輸出入の制限・禁止を命じ、輸出入に関連する物品の製造、配給、譲渡、使用または消費について命令する権限を商工大臣に付与した。

　その後、日本が全面戦争に突入し、商社も国の命令を受けて行動した。日本は世界恐慌の不況からようやく抜け出し、景気が戻りつつあったが、国際的には孤立し始めていた。日本が中国など外国を侵略することに、欧米を中心に外国が強く反発したからである。そのため、日本は1933年に国際連盟を脱退した。1937年には、盧溝橋事件が起き、中国への侵略が全面戦争になり、日本国内は戦時体制が敷かれた。1938年には「国家総動員法」が公布された。暮らしも企業の活動も、すべて戦争の準備のために優先されることになった。そして1939年には、ドイツがポーランドに侵攻し、イギリス、フランスがドイツに宣戦布告し、欧州における第二次世界大戦がはじまった。これを境に日本はアメリカ、ヨーロッパとの貿易がほとんどできなくなってしまった。そして、厳しい状況はさらに続いた。アメリカ、イギリス、オランダが対日資産を凍結して、日本への石油の輸出を禁止した。日本は当時石油の8割をアメリカから輸入していたから、その影響は深刻である。国は貿易についても統制を強め、交易営団という政府代行機関を設立した。この機関が物資の輸出入価格を決めたり、物資の集荷や配給を行うことになった。商社はこの交易営団の指示や命令を受けて活動するしかなかった。自由に貿

易することができなくなった。

　1941年、日本は真珠湾を攻撃して、アメリカとの戦いに突入した。太平洋戦争が始まった。商社はアメリカやヨーロッパなど対戦国にあった支店や出張所を閉鎖せざるを得なかった。なかには、現地の政府に支店などの資産を取り上げられたところもあった。自由に貿易ができなくなった商社の多くは、政府や軍に命じられて、中国、満州との取り引きや東南アジアで活動するしかなかった。満州で農産物を集めて日本などに供給したり、ビルマ（今のミャンマー）やフィリピンに駐在所を置いて、綿花やゴムの栽培を行ったり、山林を開発したりと、商社本来の仕事ではないことも行った。この状況は戦争が終わるまで続いた。明治時代から日本の近代化とともに歩んできた商社は戦争にほんろうされ、事業を発展させることはできなかった。当時商社で働いた人々は悔しかったかもしれない。

　終戦を迎え、第二次世界大戦がようやく終わった。戦後、日本は奇跡的な経済成長を遂げることになる。まさに激動の時代である。産業は次第にエレクトロニクス中心へシフトするなか、商社も産業の発達とともに大きく変化していき、資源エネルギーや原料の輸入にも積極的に取り組んだ。そして、優れた日本の製品を世界中に広めて、日本の経済発展のために、大きな役割を果たした。

第四節　昭和中期〜昭和後期

　戦後、日本経済は奇跡的な成長をとげ、商社の活躍がはじまった。政府は早く日本を復興させるために、輸出をどんどんして外貨を稼ぐように産業界に働きかけた。商社も貿易ができるようになり、再び活躍の機会が訪れた。ただ、戦後間もなくは、「財閥解体」という命令が出て、財閥系商社が解散させられたり、分割させられた。1950年になると、朝鮮戦争が起こって特需で輸出が増えた。1954年ごろには、解散させられた財閥系商社の再統合のルールが取り除かれて再統合の動きが見られ、商社も先頭に立って復興を引っぱった。その後、日本経済は奇跡的な回復をして、1970年代はじめま

で高い成長が続いた。これが「高度経済成長時代」である。おかげで、日本人の暮らしはとても豊かになった。今では当たり前のカラーテレビや、エアコン（当時はクーラー）、冷蔵庫が家庭に登場したのもこのころであった。商社はこうしためざましい日本の経済発展に大きく貢献した。原材料や資源・エネルギーなどを安定的に供給して重化学工業を支えた。さらに、日本の優れた製品を海外に売り込んだ。それだけではない、今では珍しくないインスタントラーメンやインスタントコーヒーを世の中に広めたのも商社であった。

1970年代に入ると、日本はドルショック、オイルショックという大きな出来事の影響を受けてしまう。冬の時代からバブル景気へ、大きく変わる商社の姿があった。急にモノの値段が上がったり、商品が買い占められるなど、ちょっとしたパニックが起きた。これを境に、高度成長の時代が終わってしまった。商社もその影響を受けて業績が下がり、物価の値上げの犯人にされたりと大変な思いをした。それでも時代の変化に合わせて、新しい事業行動ルールを作って、新たなチャレンジをした。1980年代に入ると、日本の産業も大きく変わりはじめた。重化学工業中心からエレクトロニクス中心の時代になった。商社も将来を見すえてエレクトロニクス分野へ進出したり、海外へ進出する日本企業に投資したりと、事業の幅を拡げはじめた。やがて、バブル景気がやってきて、ふたたび空前の好景気を迎えた。商社も他の企業と同じように株や不動産に投資をしながら利益を上げる一方、高級ブランドの輸入・販売を手がけるなど、これまでに見られなかった新しい事業を展開した。

太平洋戦争後、1945～1952年に財閥解散命令がGHQから出された。日本を占領したGHQ（連合国軍最高司令官総司令部）は、経済の民主化を図るため、三井、三菱、住友、安田ほかの財閥の解散を命じた。それにより、多くの子会社、孫会社が分社化、分割化された。1946年、日本国憲法が公布された。この憲法で、国民主権の原則に基づいて象徴天皇制としたことが明治憲法との最大のちがいである。さらに、基本的人権の尊重、戦争の放棄と戦力の不保持という平和主義を定めた。1949年、単一為替レートを1ドル360

円設定した。当時の外国貿易は品目ごとに別々にレートが設定されていたが、GHQ顧問のドッジが日本経済の安定と自立を目標に打ち出した経済安定9原則（ドッジ・ライン）に沿って、4月25日から1ドル＝360円の単一為替レートが実施された。その後、1971年8月までの22年間にわたって、1ドル＝360円のレートが維持された。1950年、朝鮮戦争が勃発し、朝鮮戦争による特需景気が生まれた。戦争が起こると、アメリカ軍から日本の企業へ、いろいろな物資の発注が増えた。当初は軍服やテント、鋼管や針金など戦地で使う繊維製品や鋼材が多かったが、後に飛行機や戦車の修理も行った。この期間、工業製品の生産が伸びて好景気をもたらした。1951年、平和条約（サンフランシスコ講和条約）が調印された。第二次世界大戦におけるアメリカをはじめとする連合国と日本との戦争状態を終わらせるため、両者の間で結ばれた平和条約であるが、中華人民共和国、ソ連などが参加しておらず、後遺症が残る条約である。この条約により、連合国による占領は終わり、日本は主権を回復したかたちになる。1951年、日米安全保障条約が調印された。日本及び極東の平和と安全の維持に寄与することを目的にアメリカ軍の日本駐留などを定めた条約である。サンフランシスコ講和条約調印と同時に日米間で結ばれた。1952年、日本がIMF・IBRDに加盟した。日本は、通貨の安定を担うIMF（国際通貨基金）、加盟国の復興援助を担うIBRD（国際復興開発銀行）という二つの国際的な金融機関に加盟した。これにより、日本は国際経済に加わることになった。1953年、輸出入取引法が施行され、不公正な輸出を防止して、秩序ある輸出、輸入のもと、外国との貿易を行うための法律として制定された。1953年、朝鮮戦争休戦協定が調印された。1950年から続いた朝鮮戦争がこの協定によりひとまず終わり、南北朝鮮の事実上の新たな国境である軍事境界線（38度線）が定められた。

　1954〜1973年は日本の高度経済成長期になる。戦後、日本ではエネルギーが石炭から石油へ、産業は軽工業から重化学工業中心となり、輸出も投資も拡大した。さらに所得倍増計画など国も積極的な取り組みを行った。そのため、1960年代は年10％以上という驚異的な経済成長率を達成した。1955年、日本、がGATTに加盟した。GATT（関税及び貿易に関する一般協定）は自由

貿易の促進を目的とした国際協定で、1948年に発足したが、日本は加盟がみとめられなかった。GATT加盟は日本の輸出による経済発展の大きなきっかけとなった。1958年、日本円1万円札が発行された。日本の最高額紙幣として聖徳太子がえがかれた1万円紙幣が発行された。1000円紙幣の発行から8年後のことで、戦後の経済復興の証しともなった。1960年、貿易及び為替の自由化計画が策定された。1955年にGATTに加盟が認められた日本は、貿易を原動力に経済成長をするために、「貿易為替自由化大綱を策定して貿易自由化を進めた。1963年、名神高速道路が開通した。7月16日に日本初の高速道路として栗東IC（インターチェンジ）－尼崎IC間が開通された。その後、高速道路の整備が進み、貨物輸送の主力は従来の鉄道からトラックによる自動車輸送へと移っていった。1964年、東海道新幹線が開通された。東京オリンピックに合わせることを目指し、1959年に工事が始まり、開会直前の10月1日に開通した。当時の最高時速は210キロで、東京－新大阪間を4時間で結んだ。1964年、東京オリンピックが開かれる。アジアで最初に開かれたオリンピックで、94カ国が参加した。敗戦後の日本の復興を世界に印象づけた大会でもあった。1966年、

　中国で文化大革命が起こる。毛沢東が主導して行われた大規模な思想・政治闘争で、多くの指導者や知識人、さらには民衆までもが迫害・投獄・殺害され、その後の中国社会に深い傷を残した。1967年、ASEAN（東南アジア諸国連合）が発足した。東南アジアにおける経済・社会・政治・安全保障・文化に関する地域協力を目的にタイ、インドネシア、シンガポール、フィリピン、マレーシアの5カ国によってつくられた。本部はインドネシアのジャカルタ。現在の加盟国は10カ国にのぼる。1968年4月に日本で初めて高さ100m以上となる霞が関ビルが完成した。その後の超高層ビル時代の先がけとなった。1968年、高度経済成長を続けていた日本のGNP（国民総生産）はこの年50兆円を超え、アメリカに次ぐ世界第2位（ソ連など社会主義陣営を除く）となった。1970年、大阪で万国博覧会が開催され、正式名称は日本万国博覧会で、アジアで初めての国際博覧会となった。「人類の進歩と調和」をテーマに開催され、76カ国と1政庁（香港）が参加し、183日間で6400万人

あまりの入場者数を記録した。

　1945年、日本はポツダム宣言を受諾した。長く続いた戦争が終わった。そして、GHQ（連合国軍最高司令官総司令部）が日本を統治した。新たな国づくりが始まった。まずは外貨を獲得して日本の経済を立て直すことが重要な課題である。そこで、貿易を積極的に行うということになった。ところが、貿易はGHQによって管理され、政府間貿易としてはじまった。自由に商社が活動できるわけではなかった。1945年に輸出入の政府責任機関として貿易庁が創られ、その下に輸出入代行機関、貿易業者が続いた。その後、政府によって貿易公団が創られて、輸出入代行機関に替わったが、戦後しばらく貿易は国のもとで行われていた。この時期に商社にとっても、とてもショックな出来事があった。それは「財閥解体」である。財閥というのは、分かりやすく言うと、家族や同族で作られた親企業を中心としたグループ企業体のことで、当時の大手商社のほとんどが財閥の関連企業であった。それで商社は、GHQから会社を分割しなさいと命令された。GHQは財閥が経済面から侵略戦争を支援していたと考えていたから、財閥系の会社は商社を含めて分割、解散させられた。大手商社の中にはなんと200社以上に分割されたところもあった。

　1949年になると、民間輸出がが再開された。ようやく商社が自由に貿易ができるようになって、海外にも支店を置けるようになった。さらに、1950年に朝鮮戦争が始まった。これが商社に大きなチャンスをもたらした。戦争による特需で、日本は好景気にわいた。主にアメリカ軍との取り引きによるもので、商社にとっても輸出入拡大の追い風となった。特に繊維専門の商社は大きく発展した。これらの商社は綿や絹など「糸へんの漢字」の品物を扱うので、糸へん商社と呼ばれた。糸へん商社が伸びたのは繊維原料や食料、金属機械の輸入と繊維製品の輸出が増えたからである。ただ、朝鮮戦争が終わると需要が減って不況が起こり、多くの企業が倒産した。糸へん商社も、生き残るために商社同士で合併したり、繊維以外の品目を取り扱ったりして専門商社から脱却しようとした。また、1954年ごろから「財閥解体」で分割された商社が再び一緒になる動きも目立ってきて、いろいろな商社が生ま

れた。「財閥解体」の命令が緩和されたのがその理由である。その一方、商社同士の競争などから、規模の大きくない、体力のない商社がたくさん倒産した。1954年には、なんと繊維専門商社105社が倒産した。それでも、こうした大変な時期を乗り越えた商社が再び活躍する時代がやってくる。

　1950年代の半ばになると、日本経済は急成長しだした。「高度経済成長時代」のはじまりである。急成長を実現したのが、石油化学や造船、鉄鋼などの重化学工業の発展である。この頃の日本は海外から鉄鉱石や石炭、原油などの原料を輸入し、それを加工、製品にして、海外や国内に販売していた。1960年代に入ると、当時の佐藤内閣は「所得倍増計画」を掲げた。国民が労働などで得た所得を10年で2倍にするという計画である。これがきっかけとなり、製鉄所やコンビナートが数多く作られ、ますます重工業は発展した。メーカーは最新の設備を取り入れて、技術革新に取り組んだ。たとえば、鉄鋼会社は新しい高炉を建設し、新製品を開発した。ナイロンやプラスチックを作る石油化学、合成繊維産業も大いに発展した。石油産業も成長した。資源、エネルギーの少ない日本で、こんなに重工業が大きく発展したのは商社ががんばったからである。商社は世界中を駆け回って、原油や鉄鉱石などの原料や資源・エネルギーを安定的に確保、輸入できるように取り組んだ。たとえば、イラクの原油を10年間にわたり安定的に輸入できる契約や、アメリカの大手石油企業との輸入契約、またアメリカ、インドやペルーからの鉄鉱石の輸入契約、チリでの鉱山開発、マラヤ連邦（今のマレーシア）での鉱石の採掘など、商社は次々と大きな取引を成功させた。そのおかげで日本は原料や資源・エネルギーの輸入に困ることなく、順調に経済を発展させることができた。

　商社は貿易以外にもいろいろな機能を活かして日本経済に貢献した。経済が急成長したこの時期、日本のメーカーは大きく発展した。メーカー自ら海外に進出し、販路を拡げるなどしたことで、もう商社の助けは要らないという意見「商社斜陽論」が一部で言われたこともあった。しかし、実際は反対で、商社の活躍の場はさらに広がった。石油化学などの大きなプロジェクトでは、いくつもの企業が参加することが多い。そうした各企業のまとめ役と

して商社が活躍した。このいくつかの企業を互いにつなげるオルガナイザーという役割は、商社が得意とする機能である。また、大きなプロジェクトには、とても多くの資金が必要である。こうしたお金を集めることができる金融の機能を持つことも商社の強みである。豊富な資金を集めてくる力は信用にもつながる。

　高度経済成長によってもたらされた好景気は日本国民を豊かにした。いろいろなモノがたくさん社会に出回り、国民はそれらを手に入れた。「大量消費社会」の時代がきた。家庭には冷蔵庫やテレビ、洗濯機などの電気製品が登場し、食生活など暮らしのスタイルも変わった。この時期にインスタントラーメンやインスタントコーヒーが登場してきたが、これらの普及にも商社が貢献していた。スーパーマーケットを通してインスタントラーメンを紹介したり、インスタントコーヒーを積極的に輸入したりして世の中に広めていった。

　日本の優れた大型プラントを商社が世界中に売り込んだ。商社のあゆみをたどっていくと、商社が景気の節目ごとに、取り扱い商品や仕事の内容、活動の場を変化させてきたことがわかる。高度経済成長を続けてきた日本も、1960年半ばになると、景気が悪化しはじめて、多くの企業が倒産した。商社もその影響を受けた。経営が苦しくなった商社同士が合併したり、倒産した商社の事業を他の商社が吸収したりと、商社の再編ふたたび起きた。第一次世界大戦の後の不況期と似ている。一方、こうした再編によって、総合力のある巨大な商社が生まれた。

　一時的に不況になった日本だが、再び景気が良くなりだした。「いざなみ景気」のはじまりである。この好景気は1970年ごろまで続いた。日本の経済成長を引っぱってきた重化学工業はますます発展した。それまで鉄鋼などの素材生産が多かったが、新たに自動車や合成繊維などの製品が増えだした。商社も日本の重化学工業を支えるために、引き続き原料や資源・エネルギーの安定供給、輸入に取り組んだ。この頃、商社は開発輸入という事業をはじめた。外国の資源を買いつけて輸入するだけでなく、商社自ら資源開発の事業に参加して、資源の確保に努めた。たとえば、ブルネイでは液化天然ガス

（LNG）、オーストラリアやブラジルでは鉄鉱石の開発に参加した。開発にかかるお金を商社が負担したり、開発に使う機械を輸入したり、開発した資源を日本に運ぶためのタンカーなど船の手配をしたりと、実にさまざまな仕事を行った。

また、この時期は大型プラントの輸出でも、商社が大きく貢献した。プラントは工場や発電所で使う大きな機械の装置である。当時、日本の技術力が上がって、外国でも評判が良かった。商社は持ち前の情報ネットワークを使って、世界各地の大型プラント建設の情報をすばやくキャッチして受注した。日本企業と外国政府や外国企業との間にはいって交渉したり、プロジェクトの工事管理やプラントの運転などの業務も手がけたりした。フィリピンや韓国、インドなどアジアからイラク、サウジアラビアなど中東、ソ連（今のロシア）まで世界中で多くのプラントを手がけた。

商社は国民の豊かな暮らしの実現を応援した。高度経済成長時代に続いて、いざなみ景気の時代も人々の暮らしは大きく変わった。中でも食生活がアメリカやヨーロッパのようになったり、レジャーに使う時間が増えた。商社はこうした変化をとらえて、豊かな暮らしを実現しようと新しい事業にチャレンジした。例えば、食肉専用のニワトリ、ブロイラーの大量生産と流通網の確立などである。そのおかげでファーストフードなど、新しい外食産業も生まれた。また当時、爆発的なボウリングブームが起きたが、実は商社が欧米の娯楽ゲームであったボウリングを日本に紹介し、その設備や機械の輸入、販売に力を入れた。その他にも、住宅地の開発やマンション建設、ゴルフ場の開発までいろいろな事業に取り組んだ。日本の産業から国民の暮らしまで、さまざまなところで商社の働きがあった。

1971年、ニクソンショック（ドルショック）が起きた。アメリカのニクソン大統領がとつぜん、ドルと金の固定比率での交換禁止を発表した。世界経済に大きな影響をもたらしたことからドルショックとも呼ばれる。これを機に、為替は固定為替相場制から変動為替相場制に変わった。1972年、日中国交正常化が実現した。日本と中華人民共和国が国交を結んだ。調印式は北京で行われ、日本は田中角栄首相、中国は周恩来首相が署名した。これを

記念して二番のパンダが日本におくられた。1972年5月15日、サンフランシスコ講和条約により、アメリカの下に置かれていた沖縄（琉球諸島および大東諸島）の施政権が日本にもどされた。1973年、第四次中東戦争が勃発した。イスラエルと、エジプト、シリアなど中東諸国の間で戦った戦争で、最後はアメリカ、ソ連が仲裁して停戦した。1973年、第一次オイルショックが第四次中東戦争により生じた。中東の産油国が原油の生産を減らしたり、価格の引き上げを行ったりした。さらに産油国がアメリカなどに石油輸出を禁止したため、世界経済に大きな混乱をもたらした。日本経済も大きな影響を受け、高度経済成長が終わることになる。また、トイレットペーパーの買い占めなどのパニックが起きた。1975年、ベトナム戦争が終わる。4月30日、サイゴン陥落によって南ベトナム政府が崩壊し、南北統一と独立をめぐり、1960年に始まった戦争が終わった。東西冷戦を背景に旧ソ連、中国などは北ベトナム、アメリカは南ベトナムを支援した。1975年、先進国首脳会議（サミット）が始まる。オイルショックによる世界経済の混乱に対処するために始まったもので、第1回は1975年11月にフランスで行われた。参加国はアメリカ・イギリス・フランス・ドイツ・イタリア・日本の6カ国。その後、年1回、先進国の首脳が集まって、当面の課題についての自由な意見交換を行うことになった。1978年、成田空港が開港された。5月20日、日本で初めての国際線中心の空港として開港した。旅客運輸はもちろんのこと、国際貨物の物流拠点として貿易にも大きな役割を果たしてきた。1979年、第二次オイルショックが起きた。イラン革命によりイランの石油輸出がとどこおり、供給が大きく減少した。さらに原油価格も大きく上昇し、アメリカやヨーロッパでは第一次以上の混乱を引き起こしたとされる。日本では深夜のテレビ放送の自粛やガソリンスタンドの休業が起きた。1980年、外国為替外国貿易管理法が法改正された。外国との経済取引をきびしく管理するための法律として1949年に施行されたが、日本が経済成長したため全面的に法改正され、取引が原則自由化された。短く「外為法」と呼ばれることが多い。1985年、プラザ合意ができた。ニューヨークのプラザホテルで開かれた先進5カ国蔵相会議（G5）で、為替レートなどの合意が発表された。そのため

為替はドル高・円安からドル安・円高に変わった。以降、日本は失われた20年を迎える。新興国、地域にとっては残酷な教訓になる。1986年、チェルノブイリ原子力発電所大事故が起きた。4月26日、旧ソ連（現ウクライナ）のチェルノブイリ原子力発電所で発生した史上最大の原子炉事故で、大量の放射性物質が国境を越えて拡散した。1985年、電電公社、専売公社の民営化が実施された。民営化が論議されていた3公社（日本電信電話公社、日本専売公社、日本国有鉄道）のうち、日本電信電話公社が日本電信電話（NTT）、日本専売公社が日本たばこ産業（JT）として4月1日に民営化された。1987年、国鉄の分割・民営化（JRの誕生））が実現した。4月1日、3公社の中で残っていた日本国有鉄道（国鉄）が、6つの地域別の旅客鉄道会社と1つの貨物鉄道会社などに分割・民営化された。1987年、貿易保険法が改正された。外国との貿易や海外投資などの取引で、通常の保険では補償できないケースでも、輸出入業者や仲介業者を守る保険のことで、政府が補てんを引き受ける。従来の輸出保険法から改正され新たに施行された。1987年、世界的株価大暴落－ブラックマンデーが現れた。10月19日の月曜日、ニューヨーク株式市場で、株価が過去最大の値下がりをした。後にこの日は「ブラックマンデー（暗黒の月曜日）」と呼ばれた。値下がりの原因はアメリカがドル安打開のためにドルの金利を引き上げるとの見方と、貿易収支の赤字幅拡大によるものといわれている。1988年、イラン・イラク戦争が終わる。両国の石油輸出にとって重要な場所であるシャトルアラブ川の河口付近の領有問題をきっかけに1980年に始まった戦争で、国際連合安全保障理事会の決議を受け入れる形で停戦となり、事実上戦争は終わった。

　世界で起こった2つのショックが日本にも影響をもたらした。平均年率で、約10％の高度経済成長をとげた時代の日本は、IMF（国際通貨基金）に1954年にOECD（経済開発協力機構）には1964年に加盟していて、先進国として認められはじめていた。ところが、1970年代に入ると、ニクソンショック（1971年）と2度のオイルショック（1973年、1979年）が起こった。特にオイルショックは、暮らしに大きな影響を与えた。石油の値段が急激に高くなったので、モノが大きく値上がりした。トイレットペーパーや洗剤の

買い占めパニックが起こったり、節電をしなくてはいけなくなった。そんな中、なぜか商社が批判されはじめた。あらゆるモノの値段が上がり、物価が20％以上も上がったのは、商社が石油の買い溜や売り惜しみをしたためではないかと疑われた。通商産業省（現経済産業省）から、行き過ぎた事業活動はしないようにと言われたり、国会に呼ばれて質問されたりと大変であった。もちろん、商社は犯人ではなかった。しかし、そう思われたこと自体を反省して、社会貢献に積極的に取り組んだり、法律はきちんと守るといった自主的な行動のルールを作って社会に公表した。商社は商社の団体である日本貿易会が作った「総合商社行動基準」というルールにしたがって、それぞれの会社で行動指針を作り、法律の遵守と情報の開示、社会に貢献することを強く誓った。

産業が大きく変わり始めた時代に商社は冬の時代へ。オイルショックを境に、日本は低成長時代に入った。商社の業績も落ちてなかなか回復しなかった。原因はオイルショックだけではない。この頃には、日本の主要輸出品が以前の繊維、鉄鋼、化学製品から、電気機械、精密機械、自動車など加工度の高い製品に替わっていた。これらの製品を作るメーカーでは、すでに商社の手助けがなくても、独自で輸出ができるようになっていた。さらに、中小企業へお金を援助する融資にしても、都市銀行が進出してきたため、商社の必要性が小さくなった。また、オイルショックの原因となった中東の不安定な政治情勢によって、大きく損失を出した商社もあった。こうした商社に元気がなくなった時代を後に「商社冬の時代」と呼んだ。

産業の将来をリードするエレクトロニクス分野へ進出を図る。世の中の変化に合わせて、再び商社は新しく取り組む道、新しいビジネスを見つけないといけなくなった。もちろん、プラント輸出などそれまでの事業は継続していた。機械の輸出なしに日本の経済発展は考えられないからである。メーカーが発展したからといって、商社の活躍の場が全く無くなったわけではない。商社は新しく取り扱う商品の発掘を積極的に行った。特に注目したのが、IC（集積回路）などのエレクトロニクス分野である。将来、日本の産業構造が重化学工業中心から先端技術を活かしたエレクトロニクス中心に代わると予

想して進出していた。それに石油に代わるエネルギーやなるべくエネルギーを使わない省エネ技術、遺伝子組み換えなどバイオテクノロジーやコンピューターといった新しい分野の成長に期待し進出した。また、この時期に多くの日本企業が海外へ進出したが、商社はそうした企業に積極的に投資をした。商社は低成長時代においても、新しい分野へのチャレンジを重ねながら冬の時代からの脱出に取り組んだ。

　バブル景気が始まると、商社のビジネスも変化してきた。1980年代半ばになっても、日本を含めて世界経済は低迷していた。商社もまた、冬の時代のままであった。ところが、1985年に「プラザ合意」が発表された。この合意で、それまでドル高に悩んでいたアメリカがドル安政策に変えた。つまり、ドルの価値を下げた。円との関係でいうと、例えば1ドルの価格が100円から90円に下がって、10円安くなるということである。これを円の価格からみると、ドルに対して10円高くなることになる。だから円高と言う。円高は輸出する企業にとって大打撃になる。販売価格があがってしまい、外国にモノが売れなくなってしまう。そのため、日本は円高による不況にならないよう、低金利政策をとった。そのため、銀行預金による低い金利の利益よりも、株や不動産から得られる利益の方が大きくなった。多くのお金が株や不動産に投資されるなどの資産運用が盛んになり、お金が社会にたくさん出回って、人びとはたくさん消費した。「バブル景気」の始まりである。そして日本経済は一気に拡大した。この時代にアメリカの一等地の不動産や一流映画会社が日本企業によって買われた。こうした中、商社も土地やビルなど不動産へ投資したり、株など金融商品の運用によってお金を増やそうとした。なかには海外ネットワークを活かして、ヨーロッパの市場からも資金を集めていた商社もあったし、利益の大半を金融商品の運用で儲けた商社もあったほどである。また、商社もアメリカやヨーロッパへ積極的に進出して、事業や投資を行った。

　貿易摩擦の影響で国内需要にあわせ新しい事業へ参入する。当時、日本の貿易は黒字が大きく拡大していた。輸入額より輸出額の方が多かった。そのため、日本は赤字になった相手国から非難され、貿易赤字をなくすための計

画や手段を求められた。このように輸出入の不均衡によって関係国間で起きたもめごとを貿易摩擦という。バブル景気前からすでにアメリカとの間では、自動車、牛肉、オレンジなどの品目で貿易摩擦が起こっていた。アメリカは日本との貿易で大幅な赤字であった。このため、日本はアメリカへの輸出を拡大させるというわけにはいかなくなった。ちょうどその頃、日本国内の消費、国内需要が拡大していたこともあって、内需向けの産業が伸びていた。商社はそうした動きに合わせて、新しい分野に参入していった。特に目立ったのが、情報通信分野である。それまでのきびしい規制が緩められて、通信市場が自由化し、ビジネスチャンスが拡がったからである。国際通信や衛星通信、移動体通信といった事業に積極的に取り組んだ。また、この時期は高級外車や海外の高級ファッションブランドが注目されて、多くの人々が欲しがった。商社はこうした海外の高級品の輸入、販売も手がけた。この時代、日本中が好景気にわいたこともあって、商社の業績も過去最高となった。こうして、商社は冬の時代からは抜け出たと見られていた。

　平成になってバブル景気が崩壊して、日本経済も商社も大打撃を受けた。商社は大胆な経営改革を行い、この厳しい時期を乗り越えていこうとしている。やがて世界はグローバル化が進み大きく変化しはじめる。それに合わせて商社は投資など貿易以外の事業にも力を入れていく。21世紀にエネルギーや環境など重要な課題が多く出てきた。商社はその解決に貢献するため、新たなチャレンジをしていく。

第五節　平成〜現代へ

　大きく変わる世界に、商社も変化し始めた。1989年12月29日をピークに日本が好景気に沸いたバブル景気が終わった。不動産の価格や株価が大きく下がりはじめ、景気がどんどん悪化した。バブル崩壊していく。商社も大きなダメージを受けた。他の企業と同じように、株など金融商品にたくさん投資していたからである。そのため、大きな不良資産ができてしまった。不良資産というのは、本来の価格より大きく価格（価値）が下がってしまった

土地やビルなどの不動産、株などの金融商品を指す。不良資産を抱えてしまったことから経営も悪化した。まずはこの不良資産を減らしながら、新しい分野への進出など、これまでとは違った事業展開に向けて動き出した。そして、そこで起きたのが商社同士の合併や吸収である。つまり、商社の再編である。

そのころ世界も大きく変わりはじめていた。1989年に起きた「ベルリンの壁の崩壊」で、自由主義体制の西側諸国と共産主義体制の東側諸国との間の冷戦が終わり、1991年には巨大な国家、ソビエト社会主義共和国連邦（ソ連）がばらばらになり、消えた。このソ連の崩壊により自由貿易圏が拡大し、さらにはこの時代に運輸と通信技術が爆発的に発展したことから、世界経済は国単位でなく地球規模で動くグローバリゼーションの時代へと変わっていくことになる。

地球規模の新しい課題へ挑戦する商社である。1990年代半ばになっても日本経済は停滞したままであった。1998年ごろから、政府は財政構造改革に取り組んでいたが、消費税の引き上げやアジア通貨の暴落などの影響から、景気回復はできなかった。大手の証券会社や銀行が破たんしたのもこのころである。経済に良い兆しが見えはじめたのは、2002年ころになってからである。産業では、IT分野の成長が目立っていた。バブル崩壊後、経営不振に苦しんでいた商社も徐々に業績が上がってきた。90年代から行ってきた業績の良くない部門の整理統合などの経営改革や海外市場、新ビジネスへの事業投資の取り組みがうまくいき始めた。その後、2008年に起きたリーマン・ショックによる世界同時不況という大きな出来事があったが、商社の業績はバブル崩壊後のようには悪くならなかった。それどころか「商社　夏の時代」と呼ばれるくらい安定していた。今、グローバリゼーションはさらに進み、地球環境、資源エネルギー、食料、水という地球規模で考えなくてはいけない大きな課題が生じている。21世紀もこれら地球規模の課題克服に向けた商社のますますの活躍、貢献が求められる時代になろう。

1989年、消費税が導入される。前年に成立・公布されていた消費税法が4月1日施行された。当時の税率は3%であった。1989年、ベルリンの壁が

崩壊した。東ヨーロッパで民主化の動きが高まるなか、東ドイツで出国規制緩和が発表されると、東西ベルリン市民がベルリンの壁に押しよせ、国境ゲートが開放された。さらに市民が壁を破壊し、ついになくなった。壁の崩壊から11カ月後に東西ドイツが統一された。1991年、湾岸戦争が勃発した。1990年にイラクがクウェートに攻め込んだことから、アメリカを中心とした多国籍軍がイラクに軍事介入して戦争になった。多国籍軍の圧倒的な軍事力によって、イラクをクウェートから追い出した。1995年、GATTがWTOへ変わる。自由貿易の促進を目的とした国際協定GATTが発展して、WTO（世界貿易機関）が発足した。物品だけでなく、金融、情報通信などサービス分野の貿易についても協議できるようになった。1995年、阪神・淡路大震災が発生した。1月17日早朝に発生した兵庫県南部地震によって、震源に近い神戸市市街地をはじめ近畿圏の広い地域が大きな被害を受けた。死者6433名、行方不明者3名、負傷者は4万人以上に上った。被害総額はおよそ10兆円に達し、戦後に発生した地震災害としては東日本大震災に次ぐ規模である。1996年、ペルー日本大使公邸人質事件が発生した。12月にペルーの首都リマでテロリストが日本大使公邸をおそい、大使館員やペルー政府の要人、日本企業のペルー駐在員ら約600人を人質に取った。事件が解決したのは発生から4カ月間以上たった1997年4月であった。1997年、アジア通貨危機が勃発した。機関投資家の通貨の空売りによって、タイの通貨バーツが急落した。それをきっかけにインドネシア、韓国など東・東南アジア諸国でも通貨が大幅に下落した。その影響でアジア各国では銀行の破たんや企業の倒産が起きた。1997年、地球温暖化防止京都会議（COP3）が温室効果ガスの排出量を削減するために、京都で開かれた。削減の取り組みを決めた「京都議定書」が採択された。1998年、インド・パキスタン地下核実験問題が起こった。5月にインドとパキスタン、となり合う2カ国が相次いで地下核実験を行った。核開発の経験が浅い国でも核兵器を保有できることを示し、世界にショックを与えた。1999年、EU通貨統合がスタートした。ヨーロッパで導入された通貨統合で、フランやマルクなどそれぞれの国の通貨に代わって、単一通貨ユーロが使われるようになった。ドイツ、フランス、イタリアなど

中国の商業文化と日本の商業習慣

　11のEU（欧州連合）加盟国が参加したが、イギリス、デンマーク、スウェーデンなどは未参加のままである。2001年、米国同時多発テロが起きた。9月11日、アメリカでハイジャックされた4機の旅客機のうち、2機がニューヨークの世界貿易センタービルに、1機がバージニア州のアメリカ国防省に突っ込んだテロ事件が起こり、世界貿易センタービルは爆発炎上して崩壊した。死者数はニューヨークだけで3000人近くに達した。

　昭和が終わって平成になると、日本経済は大きな打撃を受けた。バブル崩壊である。商社も大きな不良資産を抱え、業績悪化に苦しんだ。バブル景気のとき金利が低いこともあって、企業も個人も土地やビルなどの不動産に積極的に投資していた。銀行にお金を預けても、金利が低いから利息は期待できなかった。また、金利が低いことからお金を借りてまで不動産や株に投資をしていた。そのため、不動産の価格が実態より、とても高くなってしまった。あまり高くなりすぎると、経済に悪い影響を及ぼすと考えた政府は不動産への投資を抑制する政策を取った。すると不動産価格が急激に下がってしまい、その影響で株価も暴落した。1989年の末に38,900円もあった株価は翌年の秋には2万円近くも下がってしまった。不動産や株に投資をしていた企業や個人は、大きく損をしてしまい、多額の借金をつくってしまった。その後も景気はどんどん悪化した。

　こうした一連の出来事を「バブル崩壊」と呼ぶ。バブル崩壊によって、多くの会社は価格が下落した不動産などの不良資産や大きな借金を抱えてしまったり、たくさんのお金を失ってしまった。1990年代後半には、大手銀行や証券会社が倒産しはじめた。この崩壊の波は、「バブル景気」の時代に積極的に金融商品に投資して、資金運用をしていた商社にも押し寄せた。この時期には、伝統のある大きな商社が倒産したこともあった。商社もかつてないほど大きなピンチを迎えた。

　現在は「失われた20年」と呼んでも良いと私は思うが、バブル崩壊の1991年から2002年まで、日本は景気低迷の時期であった。スリム化と再編で不況を乗り切ろうと商社もがんばった。消費税も、1997年に3％から5％に引き上げられて、経済活動は停滞していた。株価や不動産の価格も下がっ

たままで、企業も設備投資をあまりしなくなっていた。経済が元気をなくしていた。この頃、商社の業績も下がっていった。バブル崩壊で発生した不良資産の影響もあるが、それだけではない。不況に苦しむメーカーがコスト削減のために、商社に頼らないで直接取り引きをするようになったり、取り引きする商社の数を減らしたりしたのも影響した。つまり、国内販売や輸出入の仲介取引による手数料収入が減ったということである。バブル崩壊で作ってしまった不良資産と、商社を取りまくビジネス環境の変化による利益の減少というダブルショックが、業績悪化の原因である。

　この背景には、メーカーが自ら国内販売や輸出入取引をできるようになってきたこと、インターネットの普及等により、世界中の企業との取引が容易になったことなどがあげられる。この時期は、「商社　冬の時代」と言われた。だから、商社も思いきった経営改革が必要になった。そこで商社は会社のスリム化を行った。不良資産の処理を進めながら、設備や人員を減らした。いわゆるリストラである。数千人も減らした商社もあったし、うまくいっていない赤字事業を切り離して規模を小さくした商社もあった。また、合併や吸収で商社どうしがいっしょになり、つまり商社の再編もあった。中には、鉄鋼や建材部門の事業を商社どうしで統合させて別会社を作ったこともあった。得意な事業や分野を選択して集中させていくために必要であった。このように商社はみずから経営改革を進め、時には銀行の資金援助を受けながら、経営の立て直しに取り組んだ。

　仲介取引による収入が期待できなくなった商社は別の事業に力を入れはじめた。それが事業投資である。資源エネルギー分野へ積極的に投資をした。投資は商社の仕事のひとつで、昔から行ってきた。バブル崩壊後、商社は今まで以上に投資に力を入れた。利益が出ない事業は他の企業へ売ったり、他の企業と一緒にさせる一方で、大きな利益が期待できる事業には、積極的に投資をした。中でも、資源エネルギーに関する事業には力を入れた。

　商社はこれまでにも日本の産業に必要な資源エネルギーの確保のために、世界各地に投資をしてきたが、最近では中国などの新興国が大きく経済発展する中で、鉄鋼石や石炭、銅、天然ガスなどの資源エネルギーの需要が急拡

大した。そのため、これら資源エネルギーの販売価格が大きく上がり出した。そして、新興国の経済発展は今後とも続き、資源エネルギーの需要はますます大きくなると予想し、石炭や鉄鉱石などの採掘事業に、さらに多くの投資を行った。中東やロシアでは、火力発電所の燃料や都市ガスの原料になるLNG（液化天然ガス）やLPG（液化石油ガス）の開発にも取り組んだ。インドネシアでは鉱山開発に取り組んだ。その他にも、インターネットに不可欠な海底光ケーブルの敷設をはじめ、情報通信分野にも力を入れた。不況期でも、商社は世界中で積極的に事業投資を行っていた。そして、この判断は正しかった。これらの事業投資はその後の商社に大きな利益をもたらすことになった。

また、商社は小売事業にも積極的に投資した。中でもコンビニ事業に注目した。平成の不況でスーパーの経営は非常に苦しい状態であったが、便利なコンビニは好調であった。そこで商社はコンビニ企業に投資して自分たちのグループ企業にした。いま街の中にはいろいろなコンビニがあるけれど、実はほとんどのコンビニに商社が出資している。

2003年3月19日、アメリカ中心の多国籍軍がフセイン政権のイラクに攻め込んで戦争が始まった。多国籍軍は約3週間で主要都市を攻め落とし、5月には戦闘終結が宣言された。その後、イラクは多国籍軍に占領、統治されたが、2010年8月にアメリカのオバマ大統領が戦争終結を宣言した。2005年、京都議定書が発効した。1997年に開かれた「地球温暖化防止京都会議（COP3）」で、温室効果ガス排出の削減目標について「京都議定書」が議決された。その後、アメリカ、ロシアの受け入れ拒否などから発効まで時間がかかったが、2004年にロシアが批准し、2005年に発効となった。

2002年ごろには、不良債権の処理も進んで日本経済の景気も回復しだした。外国への輸出が増えたことも経済の好転に貢献した。「いざなみ景気」のはじまりだと言われたが、国内の消費もいっしょに回復するというところまでにはいかなかった。一方、このころインターネットのサービスを中心にIT産業が盛んになりだし、ベンチャー企業と呼ばれる、新しいサービスや製品を開発した会社が数多く生まれた。ITバブルといわれるほどのブーム

第六章　日本の商社

が起きた。
　世界経済も2004年くらいから好況になってきて、特にBRICs（ブリックス）と呼ばれる新興国（ブラジル、ロシア、インド、中国）が、高い成長を見せていた。商社も事業拡大の大きなチャンスと考え、新興国BRICsに進出、多彩な事業を展開した。資源エネルギー関連の開発をはじめ、電力や水道といった社会インフラの整備、鋼材などの原材料や部品などの流通や加工、それに製品や原料を運ぶ物流、ネットワークなど工業分野に関わるようになった。また商社は自動車やマンション、食品加工やベーカリーショップ、小売りチェーンなど消費者向けの事業にも積極的に取り組んだ。こうした事業を商社は得意の情報ネットワークや事業の知識やアイデアといったノウハウを生かして展開していた。またBRICsに進出する日本企業も応援した。進出企業と合弁会社を作って、進出国で製品を作ったり販売したりした。
　活躍の場が拡がり、商社の業績は最高になる。「いざなみ景気」のころは、商社も「夏の時代」と呼ばれるくらい好調であった。どれくらい良かったかというと、業績をみると分かる。2006年から2008年にかけて、商社上位5社の利益合計はなんと1兆円を突破した。「バブル景気」の時代と比べても約10倍もある。好調の理由はバブル崩壊後から積極的に取り組んだ資源エネルギーへの事業投資である。この時期は石油などの資源エネルギー価格が高とうしたため、こうした商品の輸入・販売や投資からの利益が増えた。理由はそれだけではない。商社はバブル崩壊後から思いきった経営改革をしてきた。一番の理由は収益の柱となる新たな事業の創造である。かつての貿易仲介料を稼ぐコミッションビジネスから、インフラやエネルギー資源などの事業投資ビジネスへ変えたことが大きかった。それにバイオテクノロジーや環境といった時代の流れやニーズに合った分野への進出も良かった。そうした取り組みが実った。産業には「川上＝原料、資源）・川中＝生産、卸し・川下＝小売り）」という、3つの段階があるが、この時代になると、商社はそのすべてに関わるようなビジネスを行うようになっていた。つまり、商社が活躍できる機会がたくさん増えたということである。商社も時代とともに進化してきた。

2008年にリーマン・ショックが起きた。アメリカの大手証券会社・投資銀行のリーマン・ブラザーズはサブプライムローン問題により、巨額の損失を出し、株価も暴落、約64兆円という巨額の負債をかかえて倒産した。リーマン・ショックと呼ばれ、世界金融危機のきっかけになった。2009年、ゼネラル・モーターズが倒産した。販売台数世界1位のアメリカの自動車メーカー、ゼネラル・モーターズ（GM）が倒産した。主な原因として、2007年のサブプライムローン問題による金融危機やガソリン価格の上昇からくる販売不振、巨額の債務があげられている。2010年、中国GDPが世界第2位に躍り出る。改革開放路線をとった中国は1980年代から外国企業の進出などにより、急速な経済成長をとげ、「世界の工場」として役割を担うようになり、この年、世界第2位のGDP（国内総生産）を達成した。2010年、欧州ソブリン危機が起きた。ギリシャの財政問題に始まった債務危機が、南ヨーロッパ→ユーロ圏→ヨーロッパ全体へと影響の範囲を広げていき、ヨーロッパ全体の金融システムまでゆるがす事態となった。2011年、東日本大震災が発生した。3月11日に発生した東北地方太平洋沖地震とそれにともなって発生した津波により引き起こされた大規模な災害である。福島第一原子力発電所事故をはじめ、北海道南岸から関東南部までの広い範囲で被害が発生した。震災による死者・行方不明者は1万8000人を超え、多いときには40万人以上が自宅を離れて避難していた。政府は震災による直接的な被害額を阪神・淡路大震災を大きく上回る16兆円から25兆円と試算している。2011年、タイ大洪水災害が起きた。7月から3カ月以上続いた洪水は、死者800人以上など、タイ各地に多くの被害をもたらした。また、被害により多数の工場で生産が止まった結果、自動車や電機などの部品の供給が計画どおりに進まなくなり、日本の生産活動にも重大な影響を与えた。

　世界金融危機でも、商社のダメージは小さかった。2007年、再び世界経済を揺るがす出来事が起こった。「世界金融危機」である。アメリカで起こったサブプライムと呼ばれる住宅ローンの危機で、住宅バブルが崩壊した。また、バブルの崩壊だと叫ばれた。これをきっかけに世界の経済が危なくなった。サブプライムローンは証券になって、銀行の投資信託や証券会社が提

供する株や社債などの金融商品に組み込まれて、世界中で売られていたからである。そのため、アメリカだけでなく日本を含め世界中で株価が暴落した。その影響で大手のリーマンブラザースという証券会社が破たんした。いわゆる「リーマン・ショック」である。日本では輸出が低迷し、さらに円高になったため、輸出に頼っていた企業の業績は悪化した。

　輸出が振るわなくなったから商社も大打撃を受けたと思ったら、今度は違った。たしかに収益は下がったが、バブル崩壊後のように経営が悪化することはなかった。新興国の需要が高く、価格の高とうしていた資源エネルギーや金属分野への投資が大きな収益を生んでいたからである。それにバブル崩壊後の経営の効率化や金利が低いままだったのも良かった。また、バイオテクノロジーや先端技術ナノテクなどの成長分野への参入も行っていた。こうしたしっかりした経営基盤を作っていたので、商社の業績は安定していた。

　環境、新エネルギー、水、食料など課題の解決に取り組む。100年に一度といわれた「世界金融危機」以来、中国やインドなど新興国の成長は続いているが、先進国の経済はあまり良くなっていない。アメリカでは「リーマン・ショック」に続いて、ゼネラルモーターズ（GM）という世界でも有数の自動車会社の破たんが起き、ヨーロッパではギリシャやスペイン、イタリアで財政危機が起こったりと、大変きびしい状況が続いている。日本も財政問題をかかえて消費も元気がない。2010年には、GDP（国内総生産）が中国に抜かれて2位から3位になった。

　商社の業績は比較的安定しているが、さらに未来を見据えてしっかりと新しい事業にも取り組んでいる。例えば、地球環境問題への対応である。これからの事業は、「地球温暖化防止」や「低炭素社会」への対応が求められる。商社はすでに世界各地で太陽光発電やバイオ燃料の開発、さらに植林まで行っている。ブラジルでは、バイオ燃料であるバイオエタノールの生産や販売を行っているし、ヨーロッパでは太陽光発電事業に参入している。その他でも、地熱や風力による発電事業にも進出している。エネルギーがないと産業も暮らしも成り立たない。新エネルギーへの取り組みはとても重要だと考える。

　水ビジネスも重要である。生活から産業まで、何をするにも水は不可欠な

要素である。世界で使える水の量は限られているから、水の経済的で効率的な利用は大きな課題である。商社は上下水道の整備や下水の水質浄化、あるいは海水の淡水化といった水の安定供給につながるプロジェクトに積極的に取り組んでいる。それと食料の安定確保も水と同じように重要である。急速に経済発展する新興国では、穀物や食肉など食料の需要が大幅に増えた。だから、世界中で食料が足らなくなることが起きるかもしれない。それに、食料輸出国の天候の影響や国の情勢によっては、需要に見合うだけの食料を手に入れることができないこともある。食料自給率の低い日本にとっては心配事になる。だから、商社は安定して供給できるよう生産から小売りまで、すべての段階の事業に取り組んでいる。特にトウモロコシなどの穀物は、バイオ燃料にも使われるので不足しないようにしないといけない。商社は世界中のネットワークを活かして穀物を買い付けたり、生産したりして、日本や外国に供給している。

　総合力で世界の国々や地域の発展に貢献する。2011年10月の国連の発表によると、世界の人口は70億人を突破した。欧米や日本などの先進国の経済はまだ低迷しているが、中国やインドなど新興国は、高い経済成長を続けている。日本は人口が減り続けていて、やがて本格的な高齢化社会になるといわれている。環境にやさしいエネルギー、例えば太陽光発電などの開発も急がれる。経済の取引きを促進するFTA（自由貿易協定）、EPA（経済連携協定）の締結や、アジア・太平洋地域の貿易を活発にするTPP（環太平洋経済連携協定）など、貿易政策の新しい取り組みも進められている。

　とにかく、解決しなければいけない課題が山積である。これからも新しい技術や産業が生まれてくるが、そんな未来に商社は何ができるのか、商社は歴史に登場して以来、さまざまな困難を克服しながら、時代の変化をとらえ、時代の要請に応えて事業を進化させてきた。いまや単なるモノの取引きの仲介だけでなく、事業そのものへの投資や金融商品の開発のほか、いろいろな事業や企業を結びつけて新しい事業を生み出したりすることもしている。商社は海外の事業所や投資先などのネットワークを数多く持っていて、世界中から価値ある活きた最新情報を得ることができる。こんなさまざまな機能を

持った企業は、世界でも商社以外にはないであろう。きっと、これからも商社はこれまで以上に、世界や日本の経済、国際社会の発展のために大きく貢献していく。21世紀は地球規模の課題克服に向けた商社の活躍、役割がますます求められる時代になるであろう。

おわりに

　大阪は、商人の「お客様とのコミュニケーションを大切にしている」という性格からノリが良いなどの性格が根強く残っているが、東京は武士のどのような性格が残っているのか。なんせ当時、世界最大の100万都市でも、その半分は支配階層たる武士階級が現在のこのせまい東京、すなわち当時の江戸に住んでいたわけである。武士の性格が遺った、というより、道を歩けばどこでも見かける武士にビクビクする町人気質のほうが色濃く遺った、とするほうが的確かもしれない。これは現代でも、たとえば「お上」を前に概しておとなしいとか（群れると別ですが）、よくいえば規律正しい・デリカシーがある、悪く言えば世間体を恐れる・ヒトの目を気にする東京人の性格に反映されているといってよいであろう。要は「ビビり」なわけである。いっぽうの大阪は、同時期、大阪城代はともかく、町中で見かける武士階級といえばせいぜい東西両奉行所関係者（おおよそ30数万人の町人人口に比べ200人程度）でしかなかったわけだから、大阪人には権力者を恐れる気質が醸成されなかった、といってよいであろう。おたがい260年間、こんな環境でそれぞれ住み暮らしてきたわけだから、おのずと大阪気質・東京気質にも差が出ようというものであろう。